ちくま新書

使えるレファ本150選

日垣 隆
Higaki Takashi

575

使えるレファ本 150選【目次】

『オトナ語の謎。』新潮社／『アメリカ俗語辞典』研究社出版／『カタカナ・外来語／略語辞典』自由国民社／『昭和流行語辞典』三一書房／『昭和語』朝日新聞社／『一世風靡語事典』大陸書房／『消えた日本語辞典』東京堂出版／『現代若者コトバ辞典』日本経済評論社／『日本俗語大辞典』東京堂出版／『新ファッションビジネス基礎用語辞典』チャネラー

『問題な日本語』大修館書店／『ＥＸ－ｗｏｒｄ』ＣＡＳＩＯ／『日本国語大辞典』全10巻　小学館／『新しい国語表記ハンドブック』三省堂／『記者ハンドブック』共同通信社／『朝日新聞の用語の手引』朝日新聞社／『毎日新聞用語集』毎日新聞社／『日本語の正しい表記と用語の辞典』講談社／『現代文章作法』講談社／『新編　差別用語の基礎知識』土曜美術社／『実例・差別表現』大村書店／『例解　誤字辞典』柏書房／『角川　新字源』角川書店／『早引き類語連想辞典』ぎょうせい／『類語国語辞典』角川書店／『類語大辞典』講談社

其の七　歴史を振り返る　137

『近代日本総合年表』岩波書店／『読める年表　日本史』自由国民社／『詳説　世界史』山川出版社／『詳説　日本史研究』山川出版社／『事典　近代日本の先駆者』日外アソシエーツ／『来日西洋人名事典』日外アソシエーツ／『戦後50年』毎日新聞社／『戦後史大事典　増補新版』三省堂／『クロニック　世界全史』講談社／『日本全史　ジャパン・クロニック』講談社／『事典　昭和戦前期の日本』吉川弘文館／『事典　昭和戦後期の日本』吉川弘文館／『しらべる　戦争遺跡の事典』柏書房／『世界戦争犯罪事典』文藝春秋／『戦後日本病人史』農山漁村文化協会／『20世紀にっぽん殺人事典』社会思想社

其の八　テレビに役立つ　163

『韓流ドラマ館』青春出版社／『テレビ・タレント人名事典』日外アソシエーツ／『全記録テレビ視聴率50年戦争』講談社／『プロ野球選手名鑑』ベースボール・マガジン社／『TVドラマオールファイル』アスペクト／『テレビドラマ全史』東京ニュース通信社／『テレビ史ハンドブック』自由国民社／『テレビバラエティ大笑辞典　完璧版』白夜書房／『コンサイス外国地名事典』三省

ーグ社／『植物 学研の図鑑』学習研究社／『新編 中学校社会科地図』帝国書院／『新・天気予報の手引』クライム／『完璧版 宝石の写真図鑑』日本ヴォーグ社

其の一二 法治国家ゆえに 209

『似たもの法律用語のちがい』法曹会／『刑事事実認定（上・下）』判例タイムズ社／『死刑の理由』新潮社／『犯罪白書』国立印刷局／『ペット六法』誠文堂新光社／『学校事件』ぎょうせい／『文部科学統計要覧』国立印刷局

其の一三 政治を引き寄せる 225

『国会入門』信山社出版／『大失言』情報センター出版局／『選挙・政治資金制度』ぎょうせい／『国会便覧』日本政経新聞社／『日本の世論』弘文堂／『最新・北朝鮮データブック』講談社／『国民衛生の動向』厚生統計協会／『日本の論点』文藝春秋／『世界年鑑』共同通信社

はじめに

若い世代は何事もネットに頼り、「書く」人口が史上最高記録を更新し続ける現在だからこそ、読む人を唸《うな》らせ、恥をかかないためのレファ本だけを、各ジャンルから厳選しました。

もともとレファレンスというのは図書館用語で、参考情報提供業務のことです。本書には敢えて収録しませんでしたが、レファ本の一冊である『図書館用語辞典』（角川書店）によれば、レファレンスとは《参考業務のこと。図書館利用者が学習・研究・調査等のために必要な資料および情報を求めた場合に、図書館員が図書館の資料と機能を活用して資料の検索を援助し、資料を提供し、あるいは回答を与える》ものと解説されています。図書館に電話をかけて「レファレンス・サービスをお願いします」と言って、先進国なら拒まれることはないでしょう。法律上問題のない内容で、かつ図書館司書の力量の範囲内であれば、ですが。

レファレンス・ブックという言葉は、もちろん以前からありました。参考図書のことです。参考文献とは違います。参考文献は貸し出されますが、参考図書は館外持出禁止マークがついているのが普通です。

参考文献は、研究書の巻末などによくあるリストを指すことが多く、参考図書は、調べたり確認したりするために使う、汎用性の高いツールです。必要な箇所だけ読めばよく、通読する必要がないかわりに、何度も何度も参照する機会がありますから、書物としてのコスト・パフォーマンスは悪くありません。数千人が数十年がかりで作り上げた辞書が、1ページあたり2円にも満たなかったりします。本当にありがたいことです。

なお、本書で「使えるレファ本」と呼んだものには、前記『図書館用語辞典』のようなものは含まれません。が、本書に収録した、比較的入手しやすいもので充分に代替できるように配慮しました。安心してお使いください。

ところで、「レファ本」を今ネット上で検索してみると、たいてい私の造語であるというふうに言及されているので、おそらくそうなのでしょう。略しただけですから、もちろん功績はゼロです。本書は有料メールマガジン「ガッキィファイター」で連載したものをもとにして、大幅に加筆編集して成ったものです。

80年代には、パソコンと電話回線を通じて入手できるデータベースは米国のものばかりであり、せいぜい自前のデータベースをせっせと構築するほかありませんでした。しかし今は、机上のパソコンと光ケーブル（や電話回線）を通じてインターネットは使い放題ですし、「調べる」や「正確さを期す」という作業の在り方は大きく変化しています。が、専門家の使用に何十年も耐え、また何百人もの手によって編集・校閲され続けてきたレファレンス・ブックを舐めてはいけません。

本書では、ものを書いたり調べたりする人に役立つ辞書、事典、年鑑、便覧、図録、ハンドブック、白書、統計集、教科書の各イチオシを、順次紹介していきたいと思います。

本屋さんに行って、新刊ばかりあさらず、ときどきこのような役立つレファ本を手にとってみましょう。

きっと、賢くなれると思います。即効性はなくても、1日に1回程度レファ本を厭《いと》わず開けば、ストレッチのごとく徐々に効いてくるのは間違いありません。

ご健闘をお祈りします。

其の一

先達の智恵袋

『人生儀礼事典』

編者：倉石あつ子／小松和彦／宮田登　版元：小学館　定価：2800円（税別、以下同様）　発行：2000年4月

ヘンな本ですが、妙に役立つ本です。

文字どおり、ゆりかごから墓場まで、人生儀礼のすべてを網羅しています。

共同体が希薄になってきているだけに、例えば「お食い初め」は、どうやって祝えばいいかわからない、あるいは教えてくれる人が近くにいない、だからやらないで済ませてしまう……。

「厄年」というのは、正確にはどういう意味で、何に気をつけろという言い伝えなのか、よくわからない……。

まあ、そういったことを手取り足取り教えてくれる本です。

結婚祝は、その関係性や年齢に応じていくら包んでいくのが相場（最多と平均）なのかとか、香典の額は「勤務先の上司、40歳代」「勤務先社員の家族、30歳代」「隣・近所」などと細かく最多と平均が一覧表になっており、このような数字はネット上でも調べることはできますが、同じ本のなかに「離婚」や「不倫」や「修学旅行」だけでなく、かつての

「徴兵検査」や「女人講」や「若者組」や「江戸時代の離婚」についてもきっちりと解説しているものは、他に類書が見当たりません。

実用的でありながら、民俗学の知見が充分に裏打ちされており、より詳しく本格的に知りたい人のために、各項目の末尾下欄に豊富な文献案内も付されているところも、レファ本としての信頼性を高めてくれます。

『ことわざ辞典』

監修：槌田満文　版元：成美堂出版　定価：980円　発行：1995年2月

現代日本人に必要な教養として過不足なく「ことわざ」がリストアップされ、類書のなかでは解説も平易で、値段も手ごろです。

2400種の「ことわざ」が挙げられています。いずれも、「日常生活で使える」ことを重視して編集されているので、同書をお薦めします。

『みなさん　これが敬語ですよ』

副題：図でよくわかる敬語のしくみ　著者：萩野貞樹　版元：リヨン社
定価：1500円　発行：2001年10月

電話に「お」をつけて「お電話」と言う人がいます。

携帯電話がない時代、百貨店で「おでんわ、どこですか？」と尋ねたら、「食料品（おでん）は地下1階です」と……。

しかしながら、よほど上品な方でも「お携帯電話」とか「おメール」とは言いません。

先方に伝言して、またはメールで先方に、「お電話いただけると幸いです」と言うのは問題ないとしても、では、自分からかける電話に「お」をつけてもいいのかどうか。

「のちほど電話を差し上げます」か「のちほどお電話を差し上げます」か「のちほどお電話をかけさせていただきます」か。

手紙や連絡も同様です。自分が書いたりしたりするのに「お手紙」や「ご連絡」はOKなのか？

「お見舞い」は？

ついでながら、女性アナウンサーがニュースで「おカネ」ではなく、「カネの流れが」

云々《うんぬん》と言うのは、とても不自然な感じがします。

まあ言葉は生き物なので、正確にはどちらが「正しい」ということはないのですが、「正しい」とされる原理原則は知っておく必要はあるでしょう。

巻末に索引がついている同書が、敬語に関する簡便なレファレンス本として、使いやすいと思います。

あわせて井上史雄『敬語はこわくない』（講談社現代新書、660円）も、一読するといいでしょう。「お」の用法や、「させていただく」についても、わかりやすく解説されています。

なお、自分が目上の人に差し上げる電話や手紙や連絡に「お」をつけるのは構いません。気になると思ったので、付記しておきます。

『食べ方のマナーとコツ』

監修：渡邊忠司　イラスト：伊藤美樹　版元：学習研究社　定価：1200円　発行：2005年1月

おいしく、かつ美しく食べるための、スマートな作法。

全編、イラストつきの、手書き文字です。

こういう本は、なかなかなかったのですが、さりとて、堂々と読むには若干の抵抗がないわけではありません。学生時代のデートで、初めてビシッっと決めて行ったレストランのつもりが、あとから考えると嗚呼《ああ》あれはデニーズだった、と思い出すような恥ずかしさが少しあります。

ちょっと比喩がねじれたかもしれませんが、気にしないでください。

かつて私が通っていた中学の修学旅行では、洋風のテーブルマナー講習会を兼ねた豪華な食事タイムがありまして、そこで教えられたのが「ナイフを使ってフォークの背中にご飯を盛る」。

思い出すだに恥ずかしい、とはこのことです。

フランスやイタリアの上流階級ではそういうことになっていると、まことしやかに説明され、昭和50年代半ばまで実に日本中でその〝マナー〟が信じられていました。

おかしな時代でしたね。

未成年のパスポートや外国のビザがとりにくいころに長い海外旅行をした10代の私は、旅先で「うそつき!」と叫びたくなりました。けれども、帰国するとどのレストランでも当時はまだ皆様「フォークの背中のせご飯」をやっていました。

東アジアでは箸《はし》を使いましょう、箸を。

それはともかく、正しいテーブルマナーや、精進料理を食するときの注意も、チーズの正しい食べ方とかも、よくわからない気がするし、高級寿司はやっぱり多少は今でも緊張してしまうかもしれません。

ツウは寿司をどうやって食べるのか。

《手で食べるのは、立ち食いのときの作法。座ったときは箸で食べます。》

えっ、そうだったの？

では、バーでのスツールの腰かけ方は……。

ううむ、そもそも「スツールの正しい腰かけ方」ってのがあったのかそうなのか知らなかった。

とまあ、基本は知っておいたほうがいいとはいえ、その場の雰囲気にあわせて、愉しく食べましょう。

巻末には「メニューがわかるグルメ用語事典」が付いています。チヂミ（韓国）やシークァーサー（沖縄）とかフロマージュ（仏）やボルシチ（露）くらいなら何とかついていけても、プチフールやロティやポワレやシードルになると、さすがにわからないという方、あるいは何度か耳にしたことがあるような気がするなあ程度の人には、とくに便利です。

『生活図鑑』

副題：「生きる力」を楽しくみがく　著者：おちとよこ　版元：福音館書店　定価：1600円　発行：1997年9月

衣食住の智恵に関するテレビ番組がたくさんありますが、そこで紹介されるノウハウのいちいちは、そうそう覚えきれませんよね。

見ていない？

そうですか。

ああいう番組が好きだという人も、普段ほんとうに役に立つ生活の智恵について、網羅的にまとめられていたらいいのに、と思っているのではないでしょうか。

この本は、6年以上前に教科書会社の編集者からこの方（おちとよこさん）と私とで教科書の副読本をつくってほしいというような依頼があり、そのとき自分で買って「これは便利」と知ったレファ本の一つです。

ネクタイの結び方、ワイシャツのアイロンがけのこつ、各種洋服のたたみ方、靴の手入れ、洗濯の智恵、染み抜き法、食材からのくさみや苦味の取り除き方、魚のおろし方、各種調味料の適量、災害常備品リスト、台所菜園、蛇口の修理法……。

これはもしかすると、レファ本の王道をゆく本かもしれません。

ひとり立ちカウントダウンの10代や、他者への依存度が高すぎる人にもお薦めします。

主婦でも意外に知らないことは、よくあるものです。

『語源を楽しむ』

副題：知って驚く日常日本語のルーツ　著者：増井金典　版元：ベストセラーズ（ベスト新書）　定価：940円　発行：2005年1月

新書版では、語源辞典は初めてだと思います。

《かつぐ【担ぐ】……〔中略〕語源は、「肩＋ぐ」です。音韻変化でカツグとなった〔後略〕》

《きっかけ【キッカケ】……〔中略〕語源は、農作業の「切り＋掛け」です。農民は、鍬で、畝《うね》をキルなどといいます。作物への土寄せを、東北をはじめ各地の方言でキッカケといいます。〔後略〕》

《たそがれ【黄昏】……〔中略〕「誰だ、あいつは」と思うような夕暮れ時を、そのまま「誰＋そ＋彼」（誰ぞ彼は）としたのが語源です。〔後略〕》

《つじつまがあわない【辻褄が合わない】……話の前後が矛盾している、ほかの人との証言が合致しない意味で、ツジツマガアワナイを使います。語源は、「ツジ（糸の縫い目の交差点）＋ツマ（着物の裾の褄）」で、うまく合うべき着物の縫い目が合わないから来た言葉です。》

《でんでんむし【デンデンムシ】……〔中略〕デンは「出ん」で、もとをただせば「出む」です。したがって、「出む＋出む＋虫」が語源ということになります。「む」は、意志・推量の助動詞ですから、意志ととると、何とかして「貝殻から出よう、出ようとしている虫」となります。推量ととりますと、「いつ貝殻から出るのだろう、出るのだろうと思われる虫」となります。〔後略〕》

《わらう【笑う】……笑うの語源は、「割る」の未然形ワラに、継続反復を意味するフを加えたものです。「顔の表情が割れて、それが継続または反復すること」が、ワラウなのです。中国語で「笑」の異字体は「咲」です。「若い女性が口をあけて笑う」という意味です。》

ざっと、こんな具合です。

薀蓄《うんちく》本ではありますが、けっこう役に立つと思います。

同書が画期的なのは、語源辞典の一種であるにもかかわらず1000円を切っていること、そして執筆を全部一人でやったこと、です。

『暮らしのことば語源辞典』

編者：山口佳紀　版元：講談社　定価：3800円　発行：1998年5月

こちらは単独執筆ではなく、12人の共著です。それだけに、網羅的で、なおかつ文献紹介と注記がとても充実しており、語源辞典のなかではこれを筆頭にお薦めします。

例えば、「とどのつまり」という言葉はこれまで何度も耳にしたことがあるでしょう。「とど」って何ですか？

上記の『語源を楽しむ』には、「とどのつまり」は出てきません。『暮らしのことば語源辞典』を引いてみます。

《とどのつまり……〔中略〕トドは魚のボラのこと。そのボラは出世魚といい、成長するにつれて、オボコ（またはクチメ）↓スバシリ↓イナ↓ボラと名を変え、最後にトドと呼ばれる。すなわち、いろいろな名で呼ばれても、おしまいにはトドになるからトドの詰まりで、そこから、結局のところという意味になったと考えられる。

一説に、「止《とど》め」や「止《とど》まり」の「とど」に、「詰まり」がついてできたともいわれるが、魚のトドも、これで最後というところからの命名と思われるので、両説は互いに関連しよう。

『俚言集覧《りげんしゅうらん》』（一九世紀初）には、「止の義にて終りをいふ。トドの所、トドノツマリなどと云ふ」とある。また『玉菊燈籠弁《たまぎくとうろうのべん》』（一八世紀末）に、「十《と》どのつまりは居候」という例が見える。》

欄外注記として、「出世魚」「俚言集覧」「玉菊燈籠弁」なども簡潔に解説されています。

これを見てもわかるように、とても信頼性の高い語源辞典です。

ちなみに私も文章のなかでは、例えばワイシャツという言葉をできるだけ避けているのも、以下の理由によります。

《ワイシャツ……背広等のすぐ下に着る襟《えり》つきのシャツ。

英語の white shirt が訛《なま》ったもの。明治時代ごろから使われている語。「Yシャツ」とも書く。

もともとは白の長袖であり、現在でも正装ではそうであるが、色つきのものや半袖もある。語源から考えれば「赤いワイシャツ」は矛盾した言い方だし、林芙美子『浮雲』で「白いYシャツに」のようにわざわざ「白い」とことわるのは冗長だということになる。》

言葉は絶えず変化してゆくものです。語源がそうだからと言って「赤いワイシャツ」は間違いだっ、などと目くじらをたてる必要もないでしょう。

目くじらをたてる……。目にくじら？

《「目くじら」は、目尻（目の端）の部分をさし、「目くじり」とも言う。「目くじら」はこれが変化したもの。そこを「立てる」のであるから、目をつり上げ、鋭い目で相手を見ることになる。〔中略〕江戸中期の政論書『政談』に、「一々目くじらを立てて悪事を見出す様にするときは」とある。》

こけおどしの「こけ」とは、めっそうもないの「めっそう」とは、もぬけのからの「もぬけ」とは、まじめとは、まぐれとは……。

あとは、ご自分でお調べください。

『数え方の辞典』

著者：飯田朝子　監修：町田健　版元：小学館　定価：2200円　発行：2004年4月

本は1冊、靴は2足、箸は3膳、ストライキは4回または4波、ビルは5階、棘《とげ》は6本、遺伝子は7個、屛風《びょうぶ》は8双《そう》、たらこは9腹……。

まあ、箸はどう見ても2本で1セットであり、これを1膳と数えるのを知らないと日本人としてはちょっとアレですが、長持《ながもち》を1棹《さお》とか1合《ごう》と数えられずに1箱と言ったって、別に〝目くじらを立てる〟ほどのことはないでしょう。

そもそも、40代以下なら長持（衣服・調度を入れる蓋《ふた》つきの長方形の箱のこと）って何という感じだと思います。

でも、ちょっと考えてみてください。英語で「1」は、人でも魚でも机でも葉書でもナイフでも家でも宇宙船でも星でも、a (an) か one でしかありません。a pair of pants のように対になっているものは pair を使いますが、売り場では one pants $10/two pants $15 といった表示がむしろ一般的になってきています。もちろん、a sheet of paper とか a school of fish という慣用句も少なからずあり、横文字言語はたいてい複数形がややこしく変化するのが普通なのに対して、日本語ではその区別をつけずに単位を豊かに発展させたようです。

それにしても、「数え方」だけで、立派なレファ本ができる言語など、ほかにあるでしょうか。この国でも同書が2004年の春に刊行されるまで見当たりませんでしたが、とにかく大変なことです。

生け花は「鉢」または「瓶《へい》」または「杯」。ただし作品としての生け花は「点」でも数え、これを生ける水盤は「個」。

遊園地の観覧車やスキー場のリフトは「基」。ただし、リフトに人が乗る部分は「台」。もちろん豆腐は「丁」、最近では「パック」のほうが通りはいいかもしれません。こんにゃくは「株」「玉」「丁」。こいのぼりは、鯉に見立てて数える場合は「匹」、吹き流しを含めてはためく様子を数える場合は「本」……。

そんなものみんな「個」でいいじゃないか、いったい誰がそんな面倒なことを決めたんだ、と言い出す方もきっとおられるでしょう。

もちろん、それでもかまいません。しかし、ものの数え方は文化そのものなのですよね。江戸期に鎖国をしていたせいもあり、また日本人はもともと器用で達者な民族性をもっているらしく、それゆえに世界に名だたる「職人の国」として生き延びてきました。

これはまだ私の仮説ですが、とりわけ職人の世界では、道具や素材や完成品を数えるのに、他のモノと間違わないよう、呼称や数え方を工夫する必要があったのだと思います。

例えば、読者にとっては単なる「ページ」でも、編集者や印刷工はページの順序を示す数字そのものは「ノンブル」と呼んでいます。国語辞典に載っているたいていの言葉は、ある業界やある地域でしか通用しなかったものが、その小さな世界を出たゆえ掲載されるに至るのです。

数え方も、同じだと思います。

大きなランプを「基」と数えるのは業界限定でも、テントを「張り」と数えるのは業界用語の域を超えている、という具合に。

買ったり売ったり貰ったりする風呂敷は「枚」、ものを包んだ状態では「包み」と数えます。雑誌は「誌」で数えますし、新聞は「紙」ですよね。

数え方は文化だ！　というのはまさにこのような意味においてです。

9ページから328ページの「第1章　ものの数え方」は、あいうえお順に具体例が記されており、329ページから397ページにかけての「第2章　助数詞・単位一覧」は、数え方の基本が整理され、ものすごく勉強になります。

なお、この辞書には卵子はあるのに精子の数え方は出てきません。生真面目な女性の手になるものだからでしょうか。

個か匹か尾か。魚じゃねえんだから、個でいいのかな。泳いでいるときは匹で、止まったら個で、冷凍保存中は1ゾンビで、到着したら1ゴール。まさかね。

『知っておきたい日本の名言・格言事典』

著者：大隅和雄／神田千里／季武嘉也／山本博文／義江彰夫　版元：吉川弘文館　定価：2600円　発行：2005年8月

よく知られた言葉であるにもかかわらず、どのような状況で述べられたのかは次第に忘れられていく、というのは世の定めなのかもしれません。

二つほど例をあげてみます。

まずは「初心忘るべからず」です。この格言は、たいていの国語辞書に載っています。が、その最初の出典は、と言えば、世阿弥《ぜあみ》『風姿花伝』の「かへすがへす、初心を忘るべからず」です。

どうやら、この「初心」にこめられた世阿弥の真意は、現代人が想像する意味とは異なり、「若くて年寄りの芸風をもち、年とって若い芸風を維持しているのは重要な魅力」という趣旨のようです。勉強してみないと、わからないものですね。

二つめの例を考察してみましょう。

かつて没落に向かいながらも一瞬だけ狂い咲きした（1989年の参院選でマドンナ・ブームに乗って大躍進した）社会党の土井たか子党首が感極まって「山は動いた」と言い、この決め台詞《せりふ》が一世を風靡《ふうび》しました。

ある世代以上にはよく知られているように、「山の動く日来《きた》る」と書いたのは、与謝野晶子です。

《山の動く日来る、かく云《い》へども人われを信ぜじ。山は姑《しばら》く眠りしのみ、その昔彼等皆火に燃えて動きしものを。されど、そは信ぜずともよし、人よ、ああ、唯《ただ》これを信ぜよ、すべて眠りし女今ぞ目覚めて動くなる。》

経済財政金融担当大臣として小泉総裁を支えている与謝野馨《かおる》氏は、閣僚のなかで珍しくまともな表現力をもつ政治家ですが、東京1区の有権者や自民党関係者には周知のごとく、彼は与謝野晶子と鉄幹の孫です。89年の参院選では、孫である与謝野馨氏は、祖母の言葉を社会党党首に掲げられて、さぞ複雑な思いを抱いたことでしょう。

この「山の動く日来る」は、「青鞜《せいとう》」創刊号に与謝野晶子が寄稿した「そぞろごと」の一節です。「青鞜」創刊号と言えば、「元始、女性は実に太陽であった」が有名ですね。

もし仮に、この歴史的な表現を正確に引用したいとしたら、どうしますか？

この一文を書いた人が平塚らいてうであることを知っていれば、小さな辞書や事典では無理ではあるものの、百科事典ならきっと載っています。

が、例えば『日本大百科全書』では、残念ながら「元始、女性は太陽であった」と引用されていました。より厳密には「元始、女性は実に太陽であった」です。「あつた」を「あった」と現代表記するのはよいとして、「実に」が抜けているのは正確ではありません。

もちろん「原始」と書いたら完全にアウトです。

《元始《げんし》、女性は実に太陽であった。真正の人であった。

今、女性は月である。他に依《よ》って生き、他の光によって輝く、病人のような蒼白い顔の月である。

さてここに『青鞜』は初声《うぶごえ》を上げた。

現代の日本の女性の頭脳と手によって始めてできた『青鞜』は初声を上げた。

女性のなすことは今はただ嘲《あざけ》りの笑いを招くばかりである。

私はよく知っている、嘲りの笑いの下に隠れたるあるものを。

そして私は少しも恐れない。……》

よく読んでみると、平塚らいてうの一文と、与謝野晶子の一文は、ともに同じことを言っていることがわかりますね。そのような指摘は聞いたことがありませんが、私が不勉強なだけかもしれませんし、全文にあたらぬまま引用しあってきた習慣のなせるわざ、なのかもしれません。

こうして、『知っておきたい日本の名言・格言事典』には、古代（29人）、中世（27人）、近世（27人）、近代（31人）の総計114人の名言が紹介されています。

さすがは日本史に強い吉川弘文館だけあって、解説が正確です。

それぞれ歴史的人物についてのプロフィールがあり、続いて著名な言葉が大きな文字で示され、その前後の正確な文章とともに、出典の明示、歴史家による解説がほどこされていきます。

《国宝とは何物ぞ。宝とは道心なり。道心あるの人を名づけて国宝となす。》（最澄）

《人のためには常に恭敬《くぎよう》の儀を致して、慢逸《まんいつ》の心を生ずることなかれ。》（九条師輔《もろすけ》。「人に対しては、身分の高下を問わず尊敬の態度を失うな」の意）

1千年以上も前に先達の日本人は、「西洋流の人工的民主主義」なぞより、よほど深い民本思想をもっていたのです。

其の二

あれこれ比較する

『値段の明治大正昭和風俗史』シリーズ

『値段の明治大正昭和風俗史（上・下）』＝編者：週刊朝日　版元：朝日新聞社（朝日文庫）　定価：各740円　発行：1987年3月
『新値段の明治大正昭和風俗史』＝編者：週刊朝日　版元：朝日新聞社　定価：1845円　発行：1990年1月

写真撮影料や駅弁や味噌や映画館入場料や芥川賞の賞金や公務員の初任給や新聞購読料などなど、かつての値段を急に知りたくなることがありますよね。

例えば小説を読んでいて、明治32年の春、おときは傘2本を質に入れて病臥の夫に蒲焼を買ってきた、というような箇所に出くわしたとき、はて当時の傘や蒲焼の値段はどんな具合だったのか、というような疑問が浮かんだり、会社の企画書でちょっとした値段の推移を示したいときとか、「授業料がまた値上がりします」というニュースを聞いて、大正時代はどうだったのか、という疑問がわいてしまった場合とか、いろいろあると思います。

そういうときにこの『値段の明治大正昭和風俗史（上・下）』と『新値段の明治大正昭和風俗史』は、すこぶる役に立ちます。なにしろ日本が近代になってから、つまり明治、大正、昭和末年までの、さまざまな物品やサービス料金などが網羅されているのです。避妊具やら乾電池やらタバコやら数百の項目について、それぞれ著名人がエッセイを書いており、その後に値段の推移の一覧表がついています。

まさにこの数百の一覧表こそ、レファ本として優れていると推す所以《ゆえん》です。

類書も見当たりません。

昭和26年生まれの高橋孝輝『値段が語る、僕たちの昭和史』（主婦の友社、1000円）という本もありますが、網羅性に欠け、出典が明示されておらず、例えば《テレビが、銀行大卒初任給が5600円だった53年（昭和28年）頃に16万円もしていた》と言われても、その真偽をチェックできません。

「大学の授業料」の項目では、《百ウン十万円という学費は、学生がバイトで稼ぎ出せる額ではないし、確定申告での所得が多い年でも500万円に満たないフリーライターに、たやすく出せる額でもない。〔中略〕筆者の娘の初年度の学費150万円は、幸い、主に共稼ぎをしている筆者の妻の……》というリアルな話も挟まっているので、読み物としては悪くないのですが、ともかく「昭和」に限られているという点でも、私が推すレファレンス本の条件を満たしてくれません。

また例えば、昭和30年代限定の市橋芳則『キャラメルの値段 昭和30年代・10円で買えたもの』河出書房新社、1400円）というような本もあり、嗚呼《ああ》あのころの10円玉は価値があって愉しかったなあ、と懐かしくなってきます。しかし、明治、大正、昭和を通観する値段史本は空前絶後です。

なのに今、『値段の明治大正昭和風俗史』シリーズは残念ながら書店で手に入りません。入手しづらいレファ本を推薦することに、もちろんためらいはあります。どうして類書もなくこんなに便利なものを長く品切れにしておくのか、ちょっと腹が立ってきます。というふうに言えば、余計みなさまのストレスになるので大概にしておきます。古書店市場で（ネット古書店でも）定価の2〜4倍の値がついているようです。

『戦後値段史年表』

編者：週刊朝日　版元：朝日新聞社（朝日文庫）　定価：460円　発行：1995年8月

週刊朝日編『戦後値段史年表』は、『値段の明治大正昭和風俗史（上・下）』および『新値段の明治大正昭和風俗史』の続編であり、戦後だけという制約はありますが、とにかく今でも流通している（ネット書店でも販売中）ので、品切れになる前に買っておいたほうがいいと思います。

前述した『値段の明治大正昭和風俗史（上・下）』や『新——』とは異なって、こちらには、項目ごとの著名人によるエッセイもなく（あのエッセイは読み物としてはとても面白いのですが）、レファ本としては、その根拠に信頼が置ける一覧表をきっちり掲げてもらえているのがいちばんです。

もちろん単なる続編ではなく、やや戦後的なもの（パーマとか地下鉄運賃とかパチンコの貸玉料とか）は新鮮で、出典も明示されており安心して使うことができます。

例えば1960年には、国会議員の月額報酬が13万円（81ページ）、銀行の初任給は大卒1万5000円、高卒1万1500円（61ページ）、公務員の初任給1万2900円（77ページ）、芸者の玉代《ぎょくだい》1000円（69ページ）といった具合なのに対して、国立大学の授業料は月額750円（153ページ）、帝国ホテル1泊2100円（188ページ）、オルガンは2万6000円（35ページ）、手動式和文タイプライター6万8000円（223ページ）といったようなピックアップや比較も簡単です。

ただ如何《いかん》せん、多くの読書人が「知りたくなる」または「引きたくなる」のは、戦後であるより明治‐大正‐昭和という大きな流れのなかでの、信頼にたる数字と変遷だと思いますから、やはり朝日新聞社出版本部は早く増刷してください。

そもそも、これらを「座右のレファ本」として売らない（ただの新刊としてしか売らなかった）から増刷できないのだと思います。

来年の『知恵蔵』に付録でつけるという手もあります。

なお、このシリーズはすべて「週刊朝日」に連載され、いずれも大好評だったのですが、なぜこのあと（他の項目や江戸版や平成版）が続かなかったのでしょうか。

それは、このシリーズの企画から取材・執筆までを請け負っていた河合企画室の河合平三郎氏が途中で亡くなってしまったからです。

私が続きを執筆しましょうか。出る幕じゃない？

『地球の歩き方』シリーズ

編集：地球の歩き方編集室　版元：ダイヤモンド社（ダイヤモンド・ビッグ社）　定価：おおむね1000円台

黄色い表紙でお馴染みの「地球の歩き方」には、さすがに北朝鮮やイラクはありませんが、メジャーな国や都市は総て網羅されている、と言ってよく、『ヨルダン・シリア・レバノン』や『フィジー・サモア・トンガ』や『マダガスカル・モーリシャス・セイシェル・レユニオン・コモロ』もあり、『チュニジア』や『ミャンマー』も刊行されています。

私は、これらを旅のお供としてではなく、座右のレファ本として常備してきました。イスラエルのスタンプがあったら入国できない国はどこかとか、チップの習慣はどうなっているかとか、各国での流行現象やタブーは何かとか、フランスでは薬局ならどこでも無料でキノコ（毒かどうか）を調べてくれるとか、音楽や通貨や歴史や鉄道事情や産業などについても、実に詳しく、しかも最新の情報が盛り込まれています。

ついでながら、私は世界各国で発行されている「日本」に関するガイドブックを集めてきました。世界の人たちが、日本という国をどう見ているか、がよくわかって興味は尽きません。

『世界の女性　動向と統計』

著者：国際連合　訳者：日本統計協会　版元：日本統計協会　定価：3200円　発行：2001年5月

この本は、世界で最も充実したジェンダーに関する総合的な統計資料集です。

日本では恐妻家が加速度的に増え、何様なのと言いたくなるやんちゃな女性が増殖中ですが、同書に目を落とすたび、世界各地で女性が置かれている凄惨な状況を思い知らされます。

識字、HIV感染、パートタイム就業、ジャーナリストの男女比、出産時の死亡率、サハラ以南の平均寿命、避妊の有無、性病、家事労働時間、賃金形態、肉体労働の実態、セックス・ビジネス、育児休暇や育児時間のとりにくさ、失業率、農家での就労時間、途上国でのインターネット利用状況(の男女比)……。

日本や韓国や米国や西欧あたりだけを念頭に「現代」を語ると、とんでもない勘違いをしてしまう、ということを常に念頭においておく義務があると思います。その均衡を失しないためにも、ぜひ座右に置いておきたい1冊です。

『よその国ではどーやってるの?』

編者:有楽企画　版元:有楽出版社(発売:実業之日本社)　定価:1400円　発行:2002年11月

ありそうで、なかった本です。

夫婦別姓、公営ギャンブル、少年法、亡命、埋葬、中絶、公娼制度、ゴミ出し、郵政民営化、教育費、議員秘書、ポルノ規制、難民認定、消費税、安楽死、禁煙、高速道路など、全部で34の項目につき「よその国ではどーやってるの?」を、それぞれ数カ国ずつその実態を並べてくれます。

レファ本としては網羅的でないという難点はあるものの、しかし、40カ国とか70カ国も紹介されたのではキリがないし、とりあえず5カ国程度を比較してみる、という割り切りは、座右に置く初級レファ本としてはむしろ賢明なことだと思います。

同書では、各項目について必ず「日本」も入っており、この編集方針にも好感がもてます。例えば公営ギャンブルについては、オーストラリア、タイ、台湾、イギリス、スペイン、日本の6カ国の実情が簡潔に述べられている、という具合です。

中国やモンゴルやケニアやバハマの公営ギャンブルは、これらの国々ともかなり異なっていますが、我慢しましょう。興味をもったら、みずから調べてみれば良いのです。

『日本方言辞典』

副題：標準語引き　監修：佐藤亮一　編集：小学館辞典編集部　版元：小学館　定価：7800円　発行：2004年1月

同じ小学館からは『日本方言大辞典』が出ています。全3巻（上・下・別）で、9万8058円。

明治書院からは『現代日本語方言大辞典』（3万3981円×8巻＋補巻）が出版されており、これは23万語も収録した日本最大の方言辞典です。

プロの文筆業者は、この程度は座右に揃えてほしいと思います。

一般には、同書『日本方言辞典　標準語引き』が最も使いやすいでしょう。

方言辞典は、（1）方言から引く、（2）標準語から引く、（3）地方ごとに引く、という形態が考えられます。しかしながら、（1）方言の発音自体が五十音では表わしきれないものが多く、（3）地方ごとに画然と方言が分かれているわけでもありません。したがって、（2）の標準語から引く、という方法が最も打率は高いことになります。

ここで打率というのは、辞書を引いたときに、お目当ての項目にヒットする率のことです。

（1）の形態で方言を調べたいときというのは、その言葉に接したときですよね。誰かが書いたものか、誰かが口にしたものか。実際には、方言で書かれた小説やエッセイの一文は、前後の文脈からたいてい意味が取れるようになっています。まったく意味不明でも、そのように発音されたのなら、その方言を口にした当人に「どういう意味か」と尋ねてみればいいでしょう。

テレビでなら、必ずテロップで説明が付加されるはずです。

ですから、方言辞典が一般の人にとって必要となるのは、ほとんどが標準語から引く、というケースになってきます。

でも本当は、早く方言辞典もデジタル・チップ化されれば良いのです。

例えば、信州方面で頻繁に使われる「ずく」は、この辞書では引けません。同書では「まめ」という標準語の項に、「ずく」は出てきます。

ただし、本書「其の六」でとりあげる『日本国語大辞典』（全10巻、小学館）なら、たいていの方言は載っていますので、この二つの併用をお薦めします。

『江戸を知る事典』

編者：加藤貴　版元：東京堂出版　定価：２８００円　発行：２００４年6月

今もなお「江戸」ものは、小説でも根強い人気があります。江戸時代に上流武士の娘（宮沢りえ）と50石の下っ端役人（真田広之）が恋愛結婚するなどありえないことでしたが、映画「たそがれ清兵衛」はフランス人の胸すら打つものでした。毛むくじゃらの胸はさておき、あれはいい映画です。

あの映画で、真田広之の髪は「きれいなちょんまげ」ではありませんでした。そこにリアルさもあったわけです。考えてみれば、ちょんまげの周囲がきれいに剃毛《ていもう》されているのが常であるわけがありません。

無精ひげならぬ無精まげが、むしろ下級武士たちの日常であったのではないでしょうか。

この事典には、例えば「髪結床」という項もあり、その項ではさらに「髪結床の成立」「江戸時代中期以降の髪結床」「女髪結」という3項目が詳述され、これに関する文献群も末尾に掲げられています。

「下肥《しもごえ》」「牢屋敷」「人足寄場」「鷹狩り」などという節もあります。

あるいはまた、江戸時代に成立した商売の諸形態も詳しく出ており、歌舞伎や吉原や寄席など娯楽についてもコンパクトにまとめられており、醤油や塩や酒についても例外ではなく、江戸の入門的レファレンスとして最適な1冊です。

『幕末江戸社会の研究』

著者：南和男　版元：吉川弘文館　定価7500円　発行：1978年10月

江戸時代の家族構成、住民の移動、出生率、多彩な職業の実態、飢饉の様子などなど、理論や歴史ではなく、実際の史料によって裏打ちされているのが、同書の特徴です。

《慶応元年四月人別帳末尾記載の集計によると、麴町十二丁目の住民は男三〇三人、女二七一人、合計五七四人〔中略〕。戸主の職業は古着商売以下賃仕事にいたる六九種におよんでいる。戸主の階層と職業は第7表のとおりである》という具合。

もちろん第7表は、コンパクトながら貴重な第一次史料です。

江戸期の階層差別社会も、最良の史料とともに、その実相が浮かび上がってきます。

「非人の支配組織と生活」などという章も、学術研究書ならではのものでしょう。

江戸には、相当多数の「フリーター」がいたことも、わかります。平成時代の特徴のようにいう学者に対しては、同書を参照しつつ、笑ってあげてください。

『現代日本人の意識構造〔第6版〕』

編者：NHK放送文化研究所　版元：日本放送出版協会（NHKブックス）　定価：1020円　発行：2004年12月

NHK放送文化研究所が5年ごとに行なってきた「意識調査」の最新版です。あと4年は出ませんから、今がお買い時でしょう。

ちなみに同書で「現代」というのは、73年以降のことです。もちろん、それ以降が現代だと言っているのではなく、NHKがこの調査を始めたのが73年である、という意味です。また、同書が対象としている「日本人」というのは、16歳以上を指しています。

73年に16歳だった日本人は、7回目の調査をした03年には46歳になっているはずです。30年とは、子どもから親への1世代が交代する時間の長さなのですね。

したがって『現代日本人の意識構造』は、この第6版をもって「大人」になった、とも言えます。

「日本人」という枠組みが成立したのは7世紀のこと、それ以来「日本人の意識」というものは、100年単位でゆっくりと変容を重ねてきたはずですが、73年から03年に至るわずか30年間は、実に特筆すべき変容が刻まれたのではないでしょうか。

さて、定義上「日本人」とは、日本国の国籍を有している人のことです。したがって、在日韓国・朝鮮人などは含みませんが、帰化した元韓国人や元アメリカ人などは含まれます。

同書が「意識調査」の対象としたものは、男女、夫婦、家庭、親子、政治、ナショナリズム、国際化、宗教、仕事、余暇、貯蓄、消費態度、生き方、生活目標などなどです。「女は結婚して子どもをもったら家庭に」はイエスかノーかというような調査にどれだけの意味があるのか本当のところ私にはよくわかりませんが、当のNHKにおける朝の連続テレビ小説では、この20年を振り返ってみますと、「おしん」（女工哀史的な境遇から自立してゆく）→「ええにょぼ」（医師であるヒロインが別居状態）→「ひまわり」（リストラされたヒロインが弁護士をめざす）→「天うらら」（女性大工として工務店を復興する）というような変遷を辿っており、ステレオタイプなNHK的女性観が浮かび上がってまいります。

皮肉はともかく、そのようなことも「現代日本人の意識」の表われであることは間違いありません。

女性の場合、73年には家庭と職業の両立∧家庭専念∧育児優先だったのが、78年に家庭専念∧両立∧育児優先となり、88年には家庭優先∧両立=育児優先、93年以降はずっと家庭優先∧育児優先∧両立と、意識の変化は確実に進んできました。

男性の場合には、その「意識」は女性より10年ほど遅れている、ということがよくわかります。

これを「社会的合意」と言うわけですが、これは要するに「慣れ」のことですよね。以前には婚前旅行などとんでもなかったのに、これにも人々は次第に慣れてゆき、かつては株の持ち合いに慣れていたのが、ある時期を境に企業買収もあたりまえというようになってゆく、という具合に。

同書は、このような日本人が何に、どのように慣れてきたか、という意識構造の変化を網羅したレファ本です。

ちなみに、第3版（1991年）の終章は「意識変動における対立と自己変革」であり、第5版（2000年）の終章は「意識変化の四半世紀」でしたが、このたびの第6版の終章は「世代の変化」となっており、冒頭で述べたように、この調査の蓄積が30年に達したことにより、初めて「世代の変化」に言及できるようになりました。

他の章はレファ本として必要なときにひもとけばよいですが、この章だけは通読する価値が充分にあります。

同じ30年間の意識変化と言っても、「日本人に生まれてよかった」とか「年上には敬語を使うのが当然」というような意識では変化がほとんどなく、逆に「夫が家事の手伝いをするのは当然」「女子の教育は大学まで」「日本は一流国とは思わない」というような意識ではダイナミックに変化しています。

なお、姉妹編として『NHK中学生・高校生の生活と意識調査』（1700円）は、「中高生はなぜ勉強しなくなったのか」「ぶつからない親子関係」「未来よりも今が大事」といった子どもたちの意識変化の背景と統計的実態を示すものとして、お薦めします。

『国のうた』

著者：弓狩匡純　版元：文藝春秋　定価：1500円　発行：2004年7月

他国の国歌を聴くのは、せいぜいオリンピックなどの国際大会くらいなものです。しかも、演奏だけ。

その歌詞は、いったいどんなことを自慢したり誇ったりしているのでしょうか。

辻原康夫編著『世界の国旗大百科』(人文社)という本はありましたが、世界各国の国歌を網羅した本は、ほかに見当たりません。たぶん、これが本邦初だと思います。

同書には87カ国もの国歌の邦訳と解説が掲載されています。

イランの現国歌には「おお ホメイニよ」なんて歌詞が登場します。

イラクの元国歌には「おお バース党の同志たちよ　進め　敵に脅威を与え確かな勝利を目指して」とありました。

パレスチナ民族評議会が1964年に制定した「我が祖国」には、「パレスチナは我が家 我が炎 パレスチナは我が復讐 そして抵抗の大地」と歌われています。

北朝鮮の国歌にも韓国の国歌にも、いずれも「白頭山《ペクトサン》」が登場するのですよ。知っていましたか。白頭山は中国と北朝鮮との国境にあり、日本による植民地時代に朝鮮革命人民軍がこの一帯を拠点としたため、南北両国にとって「抗日」のシンボルとなってきたのです。

ルーマニア国歌「目覚めよ ルーマニア人」は、チャウシェスク独裁政権倒壊時に蘇りました。

国旗も、また国歌の原文も掲載されているので、レファレンスとしての価値を充分に備えています。

ふと思うのですが、このような本で「君が代」を他国語で読んだら、訳し方によってはかなりびっくりされるのではないでしょうか。

『都道府県ランキング』

副題：くらしデータブック　編者：朝日新聞社　版元：朝日新聞社　定価：1200円　発行（最新版）：2001年4月

芸術家や文筆家が多く住んでいるのは、第1位から順に東京、神奈川、大阪、埼玉、愛知、千葉、兵庫……そして秋田、島根、鳥取（47位）という具合で、かなり都会に偏在しています。逆に学費の仕送りでは、山口（1位）、長野、静岡、茨城、山梨、福島……大阪、東京、埼玉（47位）と、都会ほど安くあがっております。家の広さも、富山（1位）、福井、秋田……沖縄、神奈川、大阪、東京（47位）という順です。

沖縄は意外に窮屈なのですね、1人当たりの自宅面積では。

女性の洋服代の1世帯あたり支出では京都（1位）、長野……と温度の高低差が激しい府県が突出している他方で、ラストが青森、宮崎（47位）とくるのは、ただの貧乏症気味の県なのかなあ。

男性の洋服代に至っては、第1位の東京ですら、その支出（4万3907円）の約半分がスーツ代（1万9738円）というのは、ちょっと淋しい。それにこれが年額？

私は一昨年から今年にかけて出演用（苦笑）に毎週1着の割合でゼニアのスーツを作り続けたので、これだけで笑いたくなるような額になって金欠になりました。年間4万円程度に洋服代をおさえられたら、家庭の二つや三つもてるかもしれない。しかし、年間4万円の紳士服代ってのは、いくらなんでも哀しすぎないか……。

話が逸れました。

殺人件数では東京と大阪が突出しており、交通事故死者数では北海道が群を抜いている、というような都道府県の特色が、1ページずつテーマごとにまとめられて浮き彫りになっています。

この手のランキング本としては、最も網羅的で格安のデータブックです。

『データブック　NHK　日本人の性行動・性意識』

編集：NHK「日本人の性」プロジェクト　版元：日本放送出版協会
定価：1800円　発行：2002年3月

この分野のレファ本として、これを推す理由は明白です。
先ほど掲げた『現代日本人の意識構造』の類似本は少なからずあります。そのなかでNHKブックスを推薦したのは、安価かつ入手しやすい本であることと、調査が継続的であることがその主な理由です。この『日本人の性行動・性意識』に、類似本はまだありません。

雑誌などによく同じようなアンケート調査が載ることはあります。しかし、その調査対象は雑誌の「読者」であったり、「渋谷」を歩いている女性ばかりであったり、緊急電話アンケートに面倒くさがらず答えてくれる在宅時間の長い人たちだったり、インターネットでのアンケートであったりして、分母集団に科学性がないのです。

意識調査における「科学性」というのは、他の機関がやってもほぼ同じ結果が得られる保証のことであり、同書は無作為抽出法（より正確に言えば、住民基本台帳による層化二段階無作為抽出法＝ランダム・サンプリング）を用いた本邦初の調査なのです。

調査法そのものについて詳しく知りたい方には、『社会調査ハンドブック』（有斐閣、2400円）と『調査法講義』（朝倉書店、3400円）をお薦めします。

さて、前掲『現代日本人の意識構造』ではごく一部分として触れられていたにすぎない性の問題、例えば「婚前交渉を女性がすることに対する許容度」（そもそも「女性が」という限定が入るところに何かの反映があるわけですが）など幾多の質問項目につき、性別および世代別によってどのように異なるか（女性中高年では相変わらず婚前交渉は「よくない・どちらかといえばよくない」が「かまわない・どちらかといえばかまわない」を圧倒しており、ある意味驚く）を浮き上がらせてくれます。

正直なところを言いますと、私は回答よりむしろ質問そのものに興味をもたざるをえません。

「男性は、セックスでは女性をリードすべき」（男性の「そう思う」34％、「そうは思わない」48％）とか。

「セックスでは」の「では」とは、どういう意味なのでしょうか。「デートでは」「仕事では」「家事では」という限定と比較すれば、やはり質問にこそ時代の意識が色濃く反映されていることがわかります。

リードしてくれるような女性とつきあった場合は、「すべき」という概念は意味をなしませんし、マグロだった場合にも、いくら「すべき」とがんばってみたところで無意味でしょう。まず起きて。

近親相姦やら売買春やら風俗施設の利用やら「ドラッグを使ってのセックス」についてまで問うているのに、最も肝心な「体位」について無視するのは、NHKの限界なのでしょうか?

「結婚してから、夫または妻以外とのセックスをする」という項目に対しては「してみたい」7%、「どちらかといえばしてみたい」12%、「どちらかといえばしたくない」11%、「したくない」44%とか。

本当でしょうか?

したいかしたくないかというwant概念で聞くから、こういうことになるのではないか。答えるほうは、たぶん深層心理としてではなく、倫理として答えてしまう可能性が高い。意識調査が倫理テストになりがちなのは、やむをえない面もあるのですが。

「すべきではないと建前では思っているものの状況次第ではしてしまうかもしれない」という項目を入れたら、ずいぶん票を集めるのではないでしょうか。「バレないならしてみたい」とかも。

改善の余地(!)は多々あるものの、日本初かつ今のところ唯一の無作為抽出法による性行動・性意識調査という点に免じて、お許しいただきたい。私が許しを請う立場にはありませんが。

其の三

仕組みを知る

『核兵器のしくみ』

著者：山田克哉　版元：講談社（講談社現代新書）　定価：700円
発行：2004年1月

北朝鮮問題や6カ国協議、パキスタンとインドの核実験、日本やロシアの原発などなどをめぐる評論や記事を読んでいると、《原発がある以上、核兵器は意思さえあれば簡単に作ることができる》といった言説を目にします。

専門家が厳密に「これなら正しい」と太鼓判を押すような解説は、一般には何のことやらさっぱりわからないのが普通なので、啓蒙的な文章を指して専門家が「ものを知らない」とケチつけするのは、実はとても簡単で、なおかつあまり意味のないことです。

もちろん、ものを書いて他人様に晒《さら》す行為をしている人々は、何かの事件や事象や事態を論じるに際しても、必要最低限のリーガルマインド（法律的教養）や科学技術に対する理解は、あったほうがいいでしょう。と言うより、なければいけない。

《原子力発電と原子爆弾はどちらも共に「核分裂連鎖反応」という同じ物理現象を基にしてなりたっている。もともと原子力発電は「原子力の平和利用」の一環として開発されてきたものだが、原子爆弾は周知のごとく「無差別大量殺戮兵器」である。しかしその基本原理においては、両者は区別がつかない。さらに原子力発電所はその運転中にプルトニウムという物質を生成する。プルトニウムも、これまた原子爆弾および原子力発電の動力源の材料となる。言い換えると原子力発電所から原子爆弾の材料を生産できるということになる。原子力発電所を持っている国は、核兵器を作る潜在能力もあるということである。》

しかし、潜在能力があるからと言って、簡単にそれが可能なわけでは全くありません。どうしてなのか、は同書の続きをお読みください。基本的なことが、実にわかりやすく語られています。この分野で極上の本です。

原子力についてそれなりに理解するためには、どうしても物理学の基礎知識が必要です。プルトニウム、ウラン燃料、遠心分離法、軽水炉、プルサーマル、劣化ウラン弾など、どんなに短い記事でも核関連の文章にはこれらが頻出しますから、ちんぷんかんぷんになり読むのを止めてしまいがちです(よね)。

物理関係は、すぐれた啓蒙書を通して読むことで、かなり理解を深めることができます。同書は、核兵器について座右に備えておくべき筆頭の書です。

『よくわかる石油業界』

著者：渡辺昇　版元：日本実業出版社　定価：1300円　発行（最新版）：2002年4月

ガソリンスタンド（GS）も自由化時代に入って約10年。

1996年4月以降、ガソリンと灯油しか売っていない、というGSは日本から消えてゆきました。

他方、イラク戦争はアメリカの石油戦略の一環としてあった、という見方は、決してイデオロギーの産物ではありません。それを正しく理解するためには、世界の「石油業界」がどうなっているのか、を知る必要があります。

およそ戦争は、土地（20世紀半ばまで）か資源（20世紀後半以降）をめぐって争われてきました。

今後激化することが予想される水をめぐる戦争については、『「水」戦争の世紀』（集英社新書）をお薦めします。

この『よくわかる石油業界』では、「石油」についての基礎知識が充分に得られます。元売り、精製会社、GS、その勢力地図、いわゆるメジャーの実態、農協や「油」関連のニュースを理解するために、最低限の1冊です。

もともと「自由化」直後の97年に出版されたのですが、業界の変化は著しく、02年4月に全面改訂された本です。

『病気のメカニズムがわかる事典』

副題：身近な病気から難病まで、病気の原因と正体を解き明かす　著者：横山泉　版元：日本文芸社　定価：1200円　発行：1999年2月

医学分野にも優れた辞典や事典があり、どれをご紹介しようか迷ってしまうほどです。

しかし、「一般の人が最も使いやすい」ゆえ事あるごとに「引きたくなる」レファ本を、という本書の趣旨からすると、専門的な医学辞事典類は避けたほうがいいと思いなおしました。

未練はあります。コロナウイルスとかアニサキスなどを知るには、やはり専門的な医学辞典は不可欠です。でもそれはやはりプロの医療従事者や書き手向けに、ということにしておきましょう。際限がありませんからね。

実際、医療分野で普通に知りたくなるのは、病気についてでしょう。とりわけ、それぞ

れの病気の原因と正体。さらに、それらを理解するための（血圧やウイルス侵入やアレルギー発生など）基礎的メカニズムについての良質で明解な説明もほしい。

同書は、ごくありふれた単行本の体裁をとりながら、腹痛や食中毒や痔や便秘、カンジタ膣炎やクラミジア、動脈硬化症や前立腺肥大、睡眠時無呼吸症候群や肝障害などなど、比較的身近な病気から難病まで、実にわかりやすくツボがおさえられている名著です。

『日本統計年鑑』

編纂：総務省統計局統計研修所　版元：日本統計協会　定価：1万4000円　発行：毎年10月

この手の本は、「日本の姿」を念頭に置いておくために、プロの文筆業に必須の文献なので、駆け出しの「食えない」ころから私は無理して買い続けてきましたが（経験知や統計的知識がないと、この全体はなかなか読みこなせないのがツライ）、今ではほぼすべてのデータがウェブ上で見ることができるようになりました。

ウェブ上だけで、27分野、670の統計が載っています。

総務省統計局は、もちろん税金で運営されているわけですから、そのデータが無料で公開されるのは当然です。

しかし、「全体像」を摑《つか》んで、なおかつ「この手の統計集を使いこなす」には10年やそこらはかかる、という私の実感からすると、文筆や研究のプロの方には、1度でいいから同書を「座右に置く」ことをお薦めします。

何でもいきなりウェブで検索して「ありました」といって上司にデータ部分だけ貼付して社内メールで送信してくる若者が増えています。

そういう部下は、たいてい統計を自在に読み取る力がついていないので、例えば「そこにないもの」を読み取る力も欠落し、従順なだけの非創造的な会社員に育ってゆくことでしょう。

『図説 日本のマスメディア』

編著：藤竹暁　版元：日本放送出版協会（NHKブックス）　定価：1120円　発行（最新版）：2005年9月

80年、87年、94年に出た『図説 日本のマス・コミュニケーション』の全面改訂版です。2000年から『図説 日本のマスメディア』となりました。おそらく5年ごとに改定版が出て行くのだろうと思います。タイトルの変更は、「マス・コミュニケーション」では、多様で新しいメディアを捉えきれなくなったためでしょう。

新しい書名のもとでは、新聞、放送、出版、広告、メディア境界領域、映画、音楽という7ジャンルに分けられました。例えば「新聞」は、さらに、概観、新聞の種類、組織と取材、通信社、新聞社の経営、新聞制作の仕組み、新聞の流通過程の特質、電子新聞、新聞の読者、というふうに詳述されてゆきます。

すべての項目にグラフやデータや表が付され、コンパクトで便利です。

もっと詳しく知りたい人は、以下のレファ本を。

新聞……日本新聞協会編『日本新聞年鑑』電通

放送……日本放送協会放送文化研究所編『NHK年鑑』日本放送出版協会

　日本民間放送連盟編『日本民間放送年鑑』コーケン出版

　総務省編『情報通信白書』ぎょうせい

出版……出版年鑑編集部編『出版年鑑』出版ニュース社

　全国出版協会編『出版指標年報』出版科学研究所

広告……電通編『電通広告年鑑』電通

　日経広告研究所編『広告白書』日本経済新聞社

インターネット・マーケティング研究会『インターネット広告』ソフトバンクパブリッシング
インターネット……日本インターネット協会『インターネット白書』インプレス

『NHKデータブック世界の放送』

編纂：NHK放送文化研究所　販元：日本放送出版協会　定価：4800円　発行（最新版）：2005年2月

同書は、各国の放送事情について日本語で読める、ほとんど唯一のレファ本です。国ごとの「概況」「放送制度」や「地上波」「衛星放送」や「ケーブルテレビ」だけでなく、2005年版からは「放送と通信の融合」についても付け加えられました。

巻末には、「世界放送略史」などもあり、この分野に興味のある方は、いつでも参照できるようにしておきましょう。

#『学問のしくみ事典』

副題：あらゆる「学」の系譜と相関がわかる　著者：VALIS DEUX　版元：日本実業出版社　定価：1600円　発行：1996年1月

農学部や文学部や経済学部を卒業した、と聞いて、どんなイメージを思い浮かべるでしょうか。

おそらく、例えば理学部の卒業生と、そうでない人とでは、「理学部」とか「有機化学科」などのイメージは、まったく違っているのではないか、と思います。

男「理学部で何をやっていたの？（いちおう訊いてみただけ）」

女「化学（ばけがく）」

男「へえ、ばけがくかぁ（よくわかっていない）」

女「でも私は有機じゃなくて無機なの」

男「ふうん、そうなんだ（全然わかっていない）」

こういうときに、同書が役立ちます。

周辺にも、「あいつは民俗学をやってたらしい」とか「フランス象徴主義を」とか「計量経済学」とか「機械工学」云々といった紹介が流通することもよくあるわけですが、そういうときに開いてみましょう。

ドキュメント番組を見ていて、例えばコンピュータに関連して「ノイマン」とか、婚姻制度をめぐって「マリノフスキー」とか、建築で「バウハウス」などと出てきたら、さくさくっと同書をひもときましょう。

そうした固有名詞について知るだけなら、ほかにもレファ本はありますが、本書では「学問のしくみ」として、それらがどのような位置にあるか、チャート式でわかりやすく表示されています。

学問対象の範囲が西欧に偏りすぎており、アジアやイスラム圏がシカトされている嫌いはあるものの、多彩な学問の系譜と相関関係を熟知している人など皆無なのですから、そのあたりは我慢しましょう。

『学制百二十年史』

著者：文部省　版元：ぎょうせい　定価：4466円　発行：1992年11月

本来なら平成14年に『学制百三十年史』が出ていていいはずなのに、さぼってしまったのでしょうか。

これまで、すでに『学制七十年史』『学制八十年史』『学制九十年史』『学制百年史』『学制百十年史』が発行されています。それぞれ前年に、文部次官決済で編集委員会が設置されてきました。

自分たちの経費や人件費はまったく切り詰めず、このような必要事業だけを切り捨てるのは、おかしなものです。が、労を惜しみたい官僚諸氏には、よいことづくめと言うべきなのでしょう。文部科学省そのものが不要だと、正しく認識されかねないご時世なのに。

それはともかく、学校の歴史と現状を知るには、『学制百二十年史』にまさる本はありません。

非常によくできた書物です。

審議会答申の一覧や、学校系統図、教育統計、年表なども充実しています。学校教育に関する統計は『文部科学統計要覧』(国立印刷局、500円)を、各国との比較は『教育指標の国際比較』(同、900円)を参照してください。

前者については、本書「其の一二」でとりあげます。

『イミダス』『現代用語の基礎知識』『知恵蔵』

『イミダス』＝版元：集英社　定価：２５２４円
『現代用語の基礎知識』＝版元：自由国民社　定価：２２８６円
『知恵蔵』＝版元：朝日新聞社　定価：２４２９円
いずれも毎年11月に刊行されている

私は毎年３冊とも買っているので、「どれを買うべきか」と悩まなくて済んでいますが、発売直後に３冊を集中的に使ってみて、メルマガ上で丹念に診断を続けてまいりました。05年版から『現代用語の基礎知識』は判型を小さくしました。長所としては机上に置きやすくなったこと、短所としては総ての項目が中途半端になったこと。この種の年鑑を狭い机上に置く人はほとんどいないので、中途半端さが際立ちます。さらに、06年版における〈哲学思想〉の注目語編として「サルトル」だけを、展開編としては「構造主義」「ディコンストラクション」「脱中心化」「カオス」「リゾーム」を筆頭ないし前半にもってくるに及んでは、84年版かと見まがう時代錯誤ぶりです。これらを網羅的に紹介してベストセラーとなる浅田彰『構造と力』（勁草書房）が発行されたのは83年9月でした。付録も最悪です。05年版の「別冊」には「マッケンサンバ」や「カジノ議連」、なぜか

「クアハウス」や「ヤマケイ」（月刊誌「山と渓谷」のこと）や「讃岐《さぬき》うどん」などが出ているのですが、なにゆえこれらを（本誌ではなく）別冊に入れるのか、さっぱり意味がわかりません。06年版では「別冊付録」自体がなくなりました。〈流行とことば〉や〈ボーダレス型犯罪〉など読ませるコンテンツもあることはあるのですが、他は総じて『クソ知識』と化しているのは否めず、惨敗であることは疑いありません。合掌しておきます。

付録という点では、『イミダス』と『知恵蔵』の05年版と06年版が、一見そっくりなスケジュール手帳をもってきました。これをいったん始めると泥沼です。毎年、この手帳を付けなければ無責任の誹《そし》りを免れないからです。逆に言えば、編集部が毎年付録に頭を悩ませなくて済む、という利点はあるでしょう。

小遣いが少なく出費を切り詰めなければならないサラリーマンは、スケジュール手帳を別に買わずにこの付録を用いて満足するのでは、という読みがあったのかもしれません。しかし、手帳代を惜しむような人が、このような年鑑を買い求めるでしょうか。

さらにもう1点ずつ、05年版の『イミダス』には「暮らしのお金の本」（これは手抜きの典型）、『知恵蔵』には「ニュースを読み解く情報世界地図」がついていました。06年版では、「平成の大合併地図帳」（『イミダス』）と「『平成の大合併に対応』情報日本地図」（『知恵蔵』）がつき、これはいずれも重宝します。大合併以前の地図は、使い物にならなくなっているからです。

肝心の本体を読み比べてみると、05年版と06年版いずれも『知恵蔵』が圧勝です。一例だけ挙げておきましょう。

『イミダス』では、〈各国情勢〉の一つである〈アメリカ／カナダ〉において、さらに細かく〈現代のアメリカ〉〈アメリカの三権〉〈アメリカの外交・安全保障〉〈アメリカの社会と文化〉〈カナダ〉という五つの小項目が立てられています。例えば〈アメリカの三権〉では、「アメリカ大統領」「連邦議会」「陪審制度」などが、また〈アメリカの社会と文化〉には、「愛国者法」「銃規制」「妊娠中絶」「同性結婚」などが並べられています。

ひとことで言えば、これらは06年版である必要はない、と申し上げるほかありません。

『知恵蔵』の〈国際関係〉にある〈北アメリカ〉を開くと、その冒頭に「新語・話題語」として四つの言葉がまずピックアップされ、詳しく解説されています。「カトリーナ」「ディープスロート」「準郊外」「議会休会中任命」の四つです。

《議会休会中任命：連邦議会の休会中に大統領が議会の承認なしで政府高官を任命すること。外交官などの任命が上院の承認を得にくいと予想される時に行われることが多い。2005年3月、ブッシュ大統領はジョン・ボルトン国務次官補を国連大使に指名した（中略）、ブッシュ大統領の議会休会中任命は、第1期目に110回（そのうち正規のポスト

は66回）行われている……》

3種の現代用語年鑑には、もちろんそれぞれの特徴があっていいはずです。こちらにこの言葉があるのに、あちらにはない、と難詰するのは必ずしも適当ではないでしょう。しかし、最近のアメリカ政治を見るに不可欠なキーワードやキーマンが、『知恵蔵』では冒頭に載っているのに、『イミダス』と『現代用語の基礎知識』には議会休会中任命という実質的独裁手法はおろか、ジョン・ボルトンの名さえ一度も登場しない（巻末の索引にもない）というのは、実に驚くべきことです。

現代用語の集大成をまず手元に置き、「最も不得意な2分野」と「得意な2分野」を通読することから、ぜひ始めてみてください。頭のストレッチが大きな差を生みます。

『日本大百科全書』電子版

電子ブックプレーヤー「データディスクマン」SONY＋小学館「日本大百科全書」全26巻の電子ブック版（1996年より発売開始、製造完了）

スーパー・ニッポニカ／日本大百科全書＋国語大辞典、DVD‐ROM版＝発売：小学館　定価：3万9000円　発行：2004年2月現在では入手しづらくなっているようですけれども、私はSONYのデータディスクマンに入った『日本大百科全書』を、発売された96年以降ずっと愛用してきました。書斎と仕事場に常備しています。

『知恵蔵』や『イミダス』のアナログ（普通の本）は私の場合、ある分野について概観する、という使い方をするのが主なのですが、デジタル版『知恵蔵』や『広辞苑』や『日本大百科全書』には毎日何回もお世話になっています。

これらなしでの執筆は、ほとんど考えられません。

しばらく前から、DVD版を使い始めてみました。感動します。が、ちょっとした読書時や枕元にも気軽に持っていけるデータディスクマンは、本書「其の六」で推薦する『EX-word』とともに今も必需品です。

其の四

ニュースに惑わされない

『民族世界地図』『民族世界地図 最新版』

『民族世界地図』＝著者：浅井信雄 版元：新潮社（新潮文庫） 定価：362円 発行：1997年6月
『民族世界地図 最新版』＝著者：浅井信雄 版元：新潮社（新潮文庫） 定価：438円 発行：2004年5月

93年に単行本として出版され97年に文庫化された『民族世界地図』と、02年に単行本として出版され04年5月に文庫化された同『最新版』は、ボリュームアップしたものではなく、まったく別物、あるいは続編です。

確かに「続」や「2」よりも「最新版」とつけたほうが売れることは売れるかもしれませんが、旧版（97年に文庫になったもの）が読まれなくなるのは、とても残念です。ぜひ、両方を揃えてください。

と言いますか、むしろ旧版のほうがレファ本としての基本的内容が充実しています。93年に出版されたという時間的な制約は多少ありますが、民族問題はそうころころと変化があるものではありません。

世界をめぐるニュースを見聞していて、例えば「クルド」や「ユダヤ人」や「アラブ」

や「パレスチナ人」など、その基本的な事柄が理解できていればニュースもよくわかるはずなんだがなあ、と一度ならず思われたことのある方は、同書（旧版）をお薦めします。

最新版のほうは、どちらかと言えば各論的なテーマにつき、旧版にはなかった民族問題をてきぱきと紹介しています。

例えば、「キリスト教主導のマレー系国家フィリピン」とか「多様性がもたらすインドネシアの混沌」とか「ウズベキスタン 諸民族の坩堝」とか「いまだに消えない東西ドイツ 心の壁」など50の民族問題が凝縮され、「再び焦点となるチェチェン紛争」という項目もあります。

テレビでの浅井さんのコメントは、国際問題以外は黙っとればいいのになあ、と思うばかりですが、この2著は、さすがというほかありません。

目次にとりあえず目を通しておいて、いざというときに該当する項目の本文を読む、というのであれば身にもつき、しかもそれは5分程度で済むことでしょう。

浅井信雄監修『ニュースがわかる！ 紛争地図』（青春出版社、１０００円）も、レファ本として優れています。

『宗教世界地図』『宗教世界地図 最新版』

『宗教世界地図』＝著者：石川純一 版元：新潮社（新潮文庫） 定価：362円 発行：1997年6月
『宗教世界地図 最新版』＝著者：立山良司 版元：新潮社（新潮文庫） 定価：438円 発行：2004年5月

前記2冊と同じように、旧版は93年に単行本、加筆して97年に文庫化され、最新版は02年に単行本、これに大幅加筆して04年5月に文庫化されたものです。ただし、こちらは著者も異なっており、まったく別の本なのであります。

旧版（と言っていいのか）には、「無理解が引き起こしたロシアのチェチェン介入」もあり、「聖都エルサレム」などもありました。

最新版には、「新体制づくりの主導権を握るイラク・シーア派の動向」や、「イスラム世界がみた9・11テロ」、「あっけなく崩壊したタリバン」、「中国政府を怯えさせる法輪功の実力」などの項目が並んでいます。

全項目について図版（地図）も充実しており、座右のレファレンスとして最適かつ安価な2冊です。

杉山文彦編・時事通信外信部『世界テロリズム・マップ』（平凡社新書、760円）も一緒に購入すると良いでしょう。

なお、なかなか手に入りにくくなっていますが、『世界紛争・テロ事典』（「エコノミスト」97年1月27日臨時増刊号、毎日新聞社、980円）も非常に優れた網羅的なレファ本です。

『イラスト図解 ニュースの地図帳』

副題：なぜ「そこで」おきるのか　編著：NHK「週刊こどもニュース」キャスター〔刊行当時〕池上彰　版元：講談社　定価：952円
発行：2002年12月

この本は、民族・宗教問題や紛争のほか、欧州の統一通貨や、石油価格、資源埋蔵量、穀物需給率、二酸化炭素排出量、離婚率、失業率などなどが、「こども」にもわかるように書かれており、したがって大人にも大変便利なムックです。

いいえ、むしろ、同書の内容を確実に自分のものにできたら、あなたの周辺で一番の教養人になってしまうのではないでしょうか。

同じシリーズで『イラスト図解 経済ニュース虎の巻「なぜ」「どうして」がこれだけでわかる』（講談社、952円）などもあり、大人にはちょっと恥ずかしい気もしますが、「週刊こどもニュース」を侮《あなど》ってはなりません。

『DSM-Ⅳ-TR』

副題：精神疾患の分類と診断の手引　編著：米国精神医学会　版元：医学書院　定価：3800円　発行（新訂版）：2003年8月

精神医学関係の書物のなかでは、必ず参照される著名なハンドブックです。米国精神医学会『DSM-Ⅳ-TR（精神疾患の分類と診断の手引き 新訂版）』は、精神科医の必携書ですが、これだけ精神の不安定が取り沙汰される現代社会にあっては、ニュースや周囲に関心ある人々の「座右のレファ本」となっています。

例えば——。

《十八歳以上の米国人の七人に一人以上が何らかの人格障害を抱えているとの初めての調査結果を、米国立衛生研究所が〔二〇〇四年八月〕二日発表した》（「東京新聞」04年8月3日夕刊）

というような記事も、その内実（自分や家族や同僚もそうなのではないか、あるいは、たとえそうだとしてもそれがどうしたと言うのか）を理解するためにも、同書は重要な参考文献です。

ちなみに前掲記事の後半は、こうなっています。

《人格障害は米精神医学会の診断基準（ＤＳＭ４）で十に分類されているが、この調査では七種類について調べ、最も多いのが、細かいことに必要以上にとらわれる強迫性人格障害（十八歳以上人口の約８％）であることなどが分かった》（同前）

もし、この８％が将来52％となったら、それでも障害と言えるのか（もともと障害は、ある能力の偏差です）。あるいはまた、《細かいことに必要以上にとらわれる》の《必要以上》なんて、どうにでも解釈できるじゃないか、との反論もあろうかと思います。

まず、人格障害に10種がある、というほうを補っておきますと、妄想性人格障害（ドクター中松さん？）、分裂病質人格障害、分裂病型人格障害、反社会性人格障害、境界性人格障害、演技性人格障害、自己愛性人格障害（中谷彰宏さん？）、回避性人格障害、依存性人格障害（林家ペー？）、強迫性人格障害。以上です。

このようなレッテルが、日本の病院でクライアントに対して直接告知されることはまずありません。（　）内は冗談です。マジで訴えないようにしてください。

日本では従来、精神鑑定により精神分裂病はセーフ（責任無能力）、人格障害はアウト（完全責任能力）とするための方便に『DSM』が利用されてきた傾向があります。詳しくは、『そして殺人者は野に放たれる』（新潮社）の第16章「人格障害という鬼門を剝ぐ」を参照してみてください。

なお、『DSM-Ⅳ』（米国では94年刊、邦訳は95年刊）で「人格障害」と訳されていたものは、『DSM-Ⅳ-TR』（米国では00年刊、邦訳初版は02年刊）では一律に「パーソナリティ障害」と訳されるようになりました。横文字にすれば差別感が薄れると日本のメディアや精神科関係者は考える傾向があるからです。

さて、アメリカで成人の8％を占めるとされた強迫性人格障害とは、八つの指標のうち四つ以上が該当する、という条件がかけられています。

全部は引用しませんが、そのうちの幾つかを引用してみましょう。

《(2) 課題の達成を妨げるような完全主義を示す（例：自分自身の過度に厳密な基準が満たされないという理由で、一つの計画を完成させることができない）。

(3) 娯楽や友人関係を犠牲にしてまで仕事と生産性に過剰にのめり込む（明白な経済的必要性では説明されない）。》

こういう人、あなたの周りにもいますよね。

《(7) 自分のためにも他人のためにも、けちなお金の使い方をする。お金は将来の破局に備えて貯えておくべきものと思っている。》

いるいる！　絶対いる！

《(4) 道徳、倫理、または価値観についての事柄に、過渡に誠実で良心的かつ融通がきかない。》

総選挙に負けて辞任した民主党の岡田克也さんが、このタイプでした。

《(6) 他人が自分のやるやり方どおりに従わない限り、仕事を任せることができない、または一緒に仕事をすることができない。》

造反派を簡単に切り捨てた小泉純一郎さんなど、この典型です。

《(5) 感傷的な意味のない物の場合でも、使い古した、または価値のないものを捨てることができない。》

こりゃ俺だ。

『実際の設計』シリーズ

『実際の設計』＝副題：機械設計の考え方と方法　版元：日刊工業新聞社　定価：4400円　発行：1988年7月
『続・実際の設計』＝副題：機械設計に必要な知識とデータ　定価：4900円　発行：1992年7月
『続々・実際の設計』＝副題：失敗に学ぶ　定価：5000円　発行：1996年10月
いずれも編著：畑村洋太郎　著者：実際の設計研究会

3冊とも専門的で分厚いけれども、まぎれもなく名著です。今では「失敗学」のオーソリティとして広く知られる畑村さんですが、その原点も足場もすべてこのシリーズにあります。

「実際の設計」シリーズでは、「実際の設計研究会」によって、機械とシステムの設計についての、考え方、方法、知識、データ、失敗の分析がなされ、その集大成がこの3冊に結晶したのでした。

実際の設計研究会とは、畑村氏が長く在籍した東京大学工学部機械系3学科の卒業生たちが、それぞれエンジニアとして企業の現場で働きながら、その知見と不断の探究をもって、社会人となってからも定期的に集うことによって維持されてきた実に稀有《けう》な研究会です。

事故を起こさないことを主目的に設計がなされるわけではありませんが、あらゆる設計には安全性の確保と失敗に対する想像力が不可欠です。そして、ニュースを発信する側も受けとる側も、まず何より「設計」について理解が欠けていると、その破綻《はたん》である事故についての理解もできません。

テレビで専門家が「わかりやすく」説明しても、それぞれ「ちょっとずつヘン」どころか「かなりピントがずれまくり」だったり「事故に乗じて自分の研究分野に予算を増やしてほしいだけ」だったりしますから、本当のところどうなのか、を知るためには、たとえ素人でも、事故直後に本質が言い当てられるようになっていたほうがいいわけです。

これは確かに専門書ですし、工学的設計についての本なんか読んだこともない、という方がほとんどであるとは思います。

しかし、例えば人体の構造について、医学生のように6年間も勉強しなくても、常識的にだいたいのところを知っていれば、病気や怪我《けが》についてもそれなりの予防や対応もとれるわけです。太腿の間にぶらさがっているのが心臓だ、と思っている人は皆無で、アルコールの飲みすぎが肝臓にダメージを与える、と多くの人が知っている、等々という程度でいいのです。

ところが、現実には事故がしょっちゅう起き、人々を不安にし、怒りさえ招くのに、事故の本質にあるミスを念頭に置いた設計について、まったくトンチンカンだと、テレビや新聞が言っていることを真に受けるか無視するかしかありません。

決して安い買い物ではありませんが、この本を座右に置いてみてください。

運転手が死亡してしまうと一層、JR西日本がすべて悪い、というふうになりがちです。日本的風土では、会長や社長を責め立てるばかりとなりがちですが、しかしテレビカメラの前で親戚が怒鳴りつけることで解決が進むわけではありません。

私も、開業直後からJR西日本の安全に関する異常さには警鐘を鳴らしてきました(『敢闘言』、『日本につける薬』、『いのちを守る安全学』所収の畑村洋太郎氏との対談「失敗に学ぶ」など)。今回の事故が起きてから、いきなりJR西日本を攻撃している記者やコメンテーターを見ると、金正日が拉致を認めた直後から北朝鮮バッシングを始めた人々と同じメンタリティを感じますが、その話はここでは措いておきましょう。

やはり、我々素人でも、安全について考え、事故の原因を多少なりとも理解するためには、設計について知らなければ先に進むことはできません。

《人間は必ずミスを犯すものであるということを念頭においた設計でないと、実際に十分な機能ははたさない》という警句は、『実際の設計』の「3　設計で決める内容」の「3—1　寸法」の「3—1—7　扱い勝手」に登場します。《安全でない機械は、作ってはいけない》は『続・実際の設計』の「11　機械と人間」のなかの「11—2　安全性を考えたシステム設計」で強調されています。

畑村さんを「失敗学」で著名にしたのは、幾多のベストセラーではありますが、それ以前に工学の世界で大きな反響を呼んだのは『続々・実際の設計　失敗に学ぶ』でした。

この本は「失敗とはどんなものか」に始まり、「設計の失敗例」が事細かに分析され、構造決定時の失敗や材料決定時の失敗や組み立て時の失敗や生産時の失敗などに分類されていきます。

そして、そのような知見に基づいた第3編「事故に学ぶ」は、まさに圧巻です。構造物の事故9例、輸送システムの事故10例、プラントの事故7例など、事故の原因と教訓と改善策を集大成した、まさに空前絶後のレファ本であると言えます。

上記シリーズ3冊のうち1冊だけ、ということでしたら『続々・実際の設計　失敗に学ぶ』をお薦めします。

事故現場を取材する人は、必ずシリーズ3冊とも買い揃えて読みましょう。値段が高すぎるし、難しそうだからちょっと遠慮したいという方は、畑村氏の『失敗学のすすめ』

（講談社、600円）や日垣編『いのちを守る安全学』（新潮社、543円）をお読みください。

『自殺死亡統計』

副題：人口動態統計特殊報告第5回　編著：厚生労働省大臣官房統計情報部　版元：厚生統計協会　定価：3000円　発行：2005年5月

日本人の自殺をめぐる唯一のレファ本です。各国との比較も充実しています。この本を抜きにして、日本人の自殺を語ることはできません。

同書は、厚生労働省が毎年まとめている「人口動態統計」の特殊報告の一つです。私はその本体（『人口動態統計（上・中・下巻）』）を買っていますが、それだけで毎年4万円近い出費になりますし、主な人口動態統計は厚生労働省の公式サイトでも知ることができますから、詳細な「死因」等についてきっちり押さえたいという方以外は、そこまでする必要はないでしょう。重すぎて足の上に落とすと一瞬気絶しそうになります。

出生、結婚、死亡という人生の節目に興味ある方、とりわけその方面のことと関連ある職業の方は、『人口動態統計』をぜひ会社に買ってもらっておいてください。

さて、その特殊報告の一種である同書『自殺死亡統計』は、薄くて軽いので足の上に落としても痛くはなく、年齢別、男女別、都道府県別、手段別、遺書の有無などの統計も詳細に掲載されています。

ちなみに、過去20年間で自殺者が最も増えたのは、沖縄県です。

手段別では日本人の場合、圧倒的に「首吊り」が多く、首吊りは加齢とともに増えていきますが、20代の女性だけは「飛び降り」(34・1%)と「首吊り」(38・1%)が拮抗しています。逆に、「飛び降り」は加齢とともに減少しているのが興味深いところです。

各国の自殺に関するデータも収録されています。

男性では、自殺率の高い国から順に、ロシア、ハンガリー、フランス、日本、ドイツと続き、女性では中国、ハンガリー、ロシア、日本、フランスとなっています。これらを年代別に見ると、「若い世代」の自殺者が日本は非常に少ないことなども、よくわかります。

平成11年以降、「自殺死亡統計」をネット上で見られるようになりました。印刷物のほうがより詳細なデータが掲載されてはいますが、専門家やジャーナリスト以外は厚生労働省のサイトにある「自殺死亡統計」で充分だと思います。

このようなデータがあることだけでも、知っておいてください。

『日本の大量殺人総覧』

著者：村野薫　版元：新潮社（ラッコブックス）　定価：780円　発行：2002年12月

戦後日本の大量殺人事件を、被害者数別に列挙し、その事件の概要を数ページずつで解説したコンパクトな本です。

私がこの本を薦める最大の理由は、次のようなものです。

凄惨な事件が起きると必ずと言ってよいほど、テレビのコメンテーター諸氏が、「史上稀《まれ》に見る」とか「これまでに例がない」とか「記憶にない」とか「信じられない」とか「戦後最悪の事件」というふうに、あまりにも安易に口にする場面が多すぎます。もちろんそういうふうに言いたい気持ちはわからないではないですが、しかしそれらは事実ではありません。そのような歴史的事実を弁《わきま》えるうえで、とても簡便な本だと思います。

諸外国との比較は、影山任佐『テキストブック 殺人学』（日本評論社、2000円）の18章「大量殺人・連続殺人」と19章「西欧の大量・連続殺人」が、よくまとまっています。この問題に興味をもたれた方は、いずれも邦訳ですが、『連続殺人の心理』（上・下、河出文庫、計1505円）、『快楽殺人の心理』（講談社＋α文庫、1000円）、『大量殺人者の誕生』（人文書院、２３００円）などへお進みください。

なお、「大量殺人」というのは村野氏の本では「5人以上」の犠牲者をさしていますが、警視庁や警察庁では明確に定義されていません。したがって、日本では「大量殺人」の対概念（「単数殺人」「非大量殺人」「一般殺人」というような）もないことになります。

ちなみに、米国ＦＢＩは大量殺人を「4人以上の犠牲者」と明確に定義しています。それ以下は「複数殺人」と「単数殺人」です。まあ、それだけあちらでは異常な犯罪が多いわけですが、「単数」については語尾にｓがつかないだけなのですけれども。

『共同通信ニュース予定』

編集：社団法人共同通信社編集局予定センター　版元：共同通信社　定価：２５００円　発行：毎年11月末

国内外の催し物、予定が発表された企画、あるいは何年前の今日は何があったか、というようなことが、すべて1ページごとにまとめられています。

記念切手の発売日や、「スーパーマーケット50周年」とか「インドネシア大統領選挙」とかもわかります。

そういうことがわかったからと言ってどうなのか、というご意見もあろうかと存じます。

ご指摘のとおり、この本に関して言えばデイリー・ジャーナリズム関係者以外ほとんど使い道がないのは確かですが、こういうレファ本もあるのだ、ということは知っておいてもいいでしょう。

たまたま本日のページ（10月17日）を開いてみますと、「雑司ヶ谷鬼子母神御会式」とありまして、さっそくつい先ほど見学に行ってまいりました。

このように、新聞記者でなくてもけっこう役に立ちます。

其の五 ▼

流行にも反応しておく

『オトナ語の謎。』

監修：糸井重里　編集：ほぼ日刊イトイ新聞　版元：新潮社（新潮文庫）定価：552円　発行：2005年4月

最近「さくっと」という言葉をよく耳にします。「さくっと」は『広辞苑』にも出ていません。『現代用語の基礎知識』にも『イミダス』にも『知恵蔵』最新版にもありませんでした。

私のお薦め辞書『新明解国語辞典』（三省堂）には、こうあります。

《少し堅い物を軽くすくう時のような音。「砂をシャベルで——すくう」》

ただ、これは最近のビジネス界での使用法とは異なります。原義がこのとおりだったことは疑いありませんが、このようなときはあの本を開くに限ります。

《さくっと——

短時間で。簡単に。深い考えもなしに。

「さくっとお願いしますよ、ひとつ」

「そのまえにさくっとメシでも食いに行きますか？」

「いや、さくっとやっちゃいましょうよ」

「さくさくっとメシ食おうよ〜」

「いやいや、さくさくっとやっちゃいましょうよ〜」

オトナはなんでも、さくっと、さくっと。そういう音が聞こえた試しはないのだけれど。》(『オトナ語の謎。』)

ついでに、先ほど使った「ざっくり」も。

《ざっくり——

だいたいの感じで。大ざっぱに。深い考えもなしに。

「ざっくり、どのくらいになりますか?」

「ざっくり見積もって4千万ですね」

「それはざっくりすぎやしませんか?」

「いや、もうざっくりざっくりですけどね」

「ざっくりした話だなぁ」

オトナはなんでも、ざっくり、ざっくり。》(同前)

『アメリカ俗語辞典』

編纂：ユージン・E・ランディ　翻訳：堀内克明　版元：研究社出版
定価：3800円　発行：1975年9月

原著の編纂者ユージン・E・ランディ氏は、国語学者ではありません。ダウンタウンに勤務する医師です。彼の医院を訪れる、黒人、麻薬常習者、同性愛者、売春婦たちと、まず問診を成立させるために編まれた「マニュアル書」だったそうです。

英語がぺらぺらではない日本人が、英語圏にせよ非英語圏にせよ海外で病院に行って自分の症状を医師に理解してもらうのは、およそ完璧には不可能であり、ひどく単純化して伝えるほかありません。

けれども、もし普段使っている言葉そのままに話が通じるとしたら、それは患者にとっても、そして医師にとっても実にありがたいことでしょう。

同書は当初、その必要性から生まれた、というわけです。

例えば性器に関する俗語は、実際のところそのような言い方しか知らない患者にとっては、そのように発音するしかないのです。性病の感染ルートなどを問診するには、必要なことだったのでしょう。しかし日本でも、直截《ちょくさい》な表現は『広辞苑』や『大辞林』には出てきません。

Don't monkey with me.（舐めんなよ）と言われた銀行員も、その意味を正しく理解しないと対応できないでしょう。

ともかくこうして、生きたスラングを集めたこの辞書は、ダウンタウンの医師だけでなく、小説や新聞を読む人々に重宝されてきた、という次第です。

Catch me, girls. I'm easy money. はナンパ語のようですが、これを辞書に載せたユージン先生よりも、むしろ「つき合わないか、金ばなれはいいぜ」という訳をあてた若かりし堀内克明先生（元・明治大学教授）に、それなりの敬意を表したいと思います。

今あげた例はむしろかわいいもので、bush に「あそこのちぢれ毛」「陰毛を刈り込むこと」等々と延々１ページも訳しちゃうその情熱に頭が下がる……のか？

原編纂者が医師で、訳者が英語学者で、版元が研究社出版という枠組みがなければ、ただのえろぐろ辞書です。

が、それだけに読む人を飽きさせません。

『カタカナ・外来語／略語辞典』

編集：「現代用語の基礎知識」編集部　監訳：堀内克明　版元：自由国民社　定価：2200円　発行（全訂版）：1996年10月

この監訳者も、前項と同じく堀内克明先生です。

俗語辞典と違って、外来語辞典はたくさん出ており、大型書店ならそれだけで50種程度は揃っています。

どれを選んでもいいでしょう。ただし、文章を頻繁に書く人でなければ、必要のない辞書ではあると思います。私は同書を薦めますが、これも残念ながら品切れしたままで、ごめんなさい。

推薦する理由は、「使える」ということに尽きます。全盛期の『現代用語の基礎知識』で蓄積されたものをもとに編纂しているためでしょう。

外来語のカタカナ表記というのは、難問を孕《はら》んでいます。

国語審議会が頭を抱えてきたのも無理はありません。

例えば私は原則として「インタヴュー」と表記してきました（あらかじめ日本語ワープロで「い」と打つと「インタヴュー」が出るように登録してあります。「がっき」と打てば「ガッキィファイター」(私が出しているメルマガのタイトルです)とか。ついでながら、「じ」で自宅の郵便番号と住所、「し」で仕事部屋の郵便番号と住所が出ます)。

インタヴューとしたりビュッフェとしたりする表記は、bとvの音を区別しているわけですね。しかし、まあ「インタヴュー」程度なら、おおこいつはジャーナリストだから多少はそういう用語にもこだわっているのだろう、とは思ってもらえるかもしれませんが、いくらvだからと言って「バージン」を「ヴァージン」と書いたらただのばーじゃんと思われて終わりです。アイスクリームの「ヴァニラ」とかね。ああいやらしい。「コーヒー」だって、より正確に表記するのだと言って「カフィ」と書いたら、やな感じです。アポ。ワラ。何のことかわかりませんか。りんごと水ですが。

このような深甚なる問題を考えるに絶好のレファ本です。それは半ば軽口《かるくち》としても、外来語辞典というのは、「我が国は外国文化をどのように摂取してきたか」を知る基本文献なのです。

今どきは、カタカナ語や外来語の意味だけならネット上で検索できるでしょう。しかし、その貪欲な摂取ぶりを実感するには、やはり紙媒体としての「厚み」が必要であるように思います。

さらに紙の辞書のよさは、なんと言っても隣接語が、自然と目に入ってしまうことです。

『昭和流行語辞典』『昭和語』『一世風靡語事典』『消えた日本語辞典』『現代若者コトバ辞典』

『昭和流行語辞典』＝著者：グループ昭和史探検　版元：三一書房（三一新書）　定価：750円　発行：1987年10月
『昭和語』＝副題：60年世相史　著者：榊原昭二　版元：朝日新聞社（朝日文庫）　定価：420円　発行：1986年4月
『一世風靡語事典』＝副題：時代の表情を読む100のアイテム　著者：神津陽　版元：大陸書房　定価：1350円　発行：1985年7月
『消えた日本語辞典』正・続＝編者：奥山益朗　版元：東京堂出版　定価：2233円〜2500円　発行：1993年6月〜1995年5月
『現代若者コトバ辞典』＝副題：この一冊でワカモノの思想がわかる　編者：猪野健治　版元：日本経済評論社　定価1050円　発行：1988年6月

いずれも過去の「はやり言葉」を調べるためのツールです。

これ1冊というものがあればいいのですが、この手の事典や辞典は網羅的というわけにいかないため、編者の趣味や主観によって取捨選択がずいぶん異なってきます。

そこで次善の策として、私が使っている5点（7冊）を、ここに示しました。これに類したレファ本は、ときどき思い出したように出版されていますから、そのなかから適当に選んでみてください。

『昭和流行語辞典』は、昭和を八つの時期に分けて、流行語をピックアップしているので、時代の急速な変化がよく見て取れます。

（例）第5期（昭和35年〜40年）の「三ちゃん農業」などなど。

『昭和語』は上記よりもっと細かく、年ごとに編まれているので、言ってみれば『現代用語の基礎知識』のダイジェスト版のような趣です。

（例）昭和40年の「ジャルパック」。

『一世風靡語事典』は、辞典ではなく事典とあるように、100の事象を時代背景とともに読み解く試みです。

（例）「フォーク・ゲリラ」とか「かい人21面相」とか。

『消えた日本語辞典』は戦争用語やちょっと下ネタ系の言葉が充実しています。

（例）一盗二婢三妾四妻（味わい深いのは、他人の妻→下女→妾→妻の順）

『現代若者コトバ辞典』は、かつて新人類と言われた世代の「はやり言葉」を解説したものですが、結果的に「死語」っぽい辞典になりました。

（例）「クリスチャン・ディオール」（CとDばかりの成績）

という具合。勉強になります。

『日本俗語大辞典』

編者：米川明彦　版元：東京堂出版　定価：6800円　発行：2003年11月

これはもう、大変な辞典です。『広辞苑』や『大辞林』は買わなくていいから（電子国語辞典は必要です）、これは買ってください。

例えば『広辞苑』で「よがる」を引くと、こうなっています。

《自五　①善いと思う。満足に思う。②うれしがる。愉快に思う。得意になる。③快感をあらわす。》

「よがる」が、このように上品で曖昧に使われることが、現実にあるでしょうか。日本語の読める外国人に、正確な意味や使い方が伝わるのか。

そもそも正確な意味や使い方が伝わらない国語辞典というのは、いったい何なのかと根源的な問題にぶつからざるをえません。遺漏なく周辺の意味をフォローすればするほど、現実の使われ方から遠ざかっていく、というのがありふれた国語辞典の悪い慣習です。

もっと、端的な意味をズバリと指摘すべきでしょう。

『日本俗語大辞典』で「よがる」は、こうなっています。

《(「よい」に動詞化する接尾語「がる」がついたもの)性的快感を声に出す。》

おお、なんと簡潔！

しかも、藤田宣永氏の小説からの引用例つきです。

俗語や方言は、生活のなかで生きている言葉です。なのに、〝正しい〟国語辞典からは排除されてしまう。哀しいことです。

が、それもやむをえないこと、としましょう。こんな辞書があるのですから。

今でもときどき「まるきん」「まるび」という言葉を耳にすることがあります。もちろん『広辞苑』や『新明解国語辞典』にもありません。

『日本俗語大辞典』を開いてみましょう。

《金持ち。イラストレーター渡辺和博が『金塊巻』(1984年)で現代人の人気職業三一種を㊎と㊥の二つに分けたところから流行語になった。》

さらに詳しい解説のあとで、三つの例文も引用されています。

「エッチ」の項目で、『広辞苑』は——

《①アルファベットの8番目の文字。エイチ。②水素の元素記号。〔中略〕⑧性に関する

言動が露骨なさま。》
『日本俗語大辞典』では——
《〔前略〕3「エッチなことをする」からセックスする意になった。1980年代から日常語化した。テレビでタレントの島田紳助が使って広まった。〔後略〕》
「一発」について、『広辞苑』は——
《①弓や鉄砲などで矢や弾丸を一度放つこと。②弾丸1個・球一打(ひとうち)などの称。③(副詞的に用いて)1回。ひとつ。「——やってみよう」》
『日本俗語大辞典』には、もちろん「一発やる」が出ています。
《男性がセックスする。乱暴で下品な語感。〈類義語〉入れる・食う・食べる・注射・やる。〔中略、例文〕「俺も、きみのようないい女とは、シャワーを使わずに一発やるほうが興奮する」》
ついでに「注射」は、もちろん『広辞苑』その他には右記のような意味は載っていません。あたりまえか(笑)。
しかるに『日本俗語大辞典』には——
《男性が性交することの婉曲的表現。下品な語感。〔中略、例文〕「後ろから注射をするの!?」》

なんて莫迦《ばか》おもしろい辞書なんだ！

小難しい「洋行」について、『広辞苑』は――

《①欧米へ渡航・留学すること。「――帰り」》

かたや、『日本俗語大辞典』は――

《刑務所に収監されること。入獄。盗人のことば。》

蒲団《ふとん》の中（推定）や酒場では今なお頻繁に発せられるのに、辞書にはもとより、活字や電波でもかたく禁じられている言葉が、けっこうたくさんあります。

しかぁし！

我らが『日本俗語大辞典』は、そこからも逃げることは断じてありません。

さすが、です。

アレも載っているのかなあ、と気になったあなた。さっそく引いてみてください。感動すると思います。

『新ファッションビジネス基礎用語辞典』

企画・編集：バンタンコミュニケーションズ　版元：チャネラー　定価：2913円　発行（増補改定第7版）：2001年4月

ファッションというのは、衣食住の一角を担っており、決してないがしろにすべき分野ではありません。が、実際にはファッションを語れる書き手は、ファッション・ライター以外にはほとんどいないのが実際です。

その「壁」をつくっている内実の一つが、専門用語の氾濫であります。そんな壁を吹っ飛ばす、とても便利な辞典が同書です。

男性服にはありえないことですが、女性服のネックライン（首まわりの線）には主なものだけで48種もあります。

カラー（襟）の種類という点では男性服も負けてはいません。そのあたりの詳細が図入りで実に32ページにもわたって解説されています。

歴史的な「スタイル」の変遷も明快であり、例えば紳士服の細かな名称も、すべてわかります。

私はブレザーを作ってもらう際、たいてい「ノーベンツ」にしますが、ちょっと太り気味の方は「サイドベンツ」にしたほうが無難でしょう。あるいは15年ほど前からパンツは「2タック」(ズボンの前ひだ=フロント・タックの数)が主流になりましたが、最近の若者は「ノータック」に戻りつつあります。

およそ言葉というものは、業界用語の一部が世間に受け入れられたときに普及する、という道程を辿るものです。逆に言えば、専門用語とは、未だ一般には受け入れられていない業界内部の便利な言葉、ということになります。

お店でこのようなディテールを振り回すのはちょっとしたお莫迦さんですが、このような辞典をレファレンス・ブックに加えるだけで、言葉の世界が広がることは間違いありません。

イラストを眺めるだけでも、勉強になります。布地にも強くなります。素材を知らないと、「安物買いの銭失い」になりかねません。

其の六

言葉を豊かに

『問題な日本語』

副題：どこがおかしい？ 何がおかしい？ 編纂：北原保雄 版元：大修館書店 定価：800円 発行：2004年12月

まず、値段に驚きます。ソフトカバー（表紙が本文より大きくて硬いハードカバーと異なり、本文の紙の大きさと表紙カバーが同じ）だとはいえ、164ページの単行本で定価800円。

これはほとんど新書の値段です。

中身はと言えば、相当におもしろく、しかも役に立ちます。

編者の北原氏は、『明鏡国語辞典』（携帯版、2800円）の編者であり、悪く言えば同書は『明鏡国語辞典』の付録のようなものと言えなくもありません。

版元（大修館書店）の意図としては、この定価設定の仕方からして、ご本尊たる国語辞典の販促が大きな役目になっているのでしょう。

でも、読者はそんなことにこだわる必要はありません。

言葉は（したがって辞典も）生き物なのですから、数年ごとに版を改める従来の出版方法より、インターネットを使って最新成果を恒常的に盛り込んでゆく、ということは時代の趨勢《すうせい》だと言えるでしょう。この本も、そのようにして誕生したものです。『電車男』や『今週、妻が浮気します』（中央公論新社、１０００円、これタイトル秀逸）も、ネットで読めるのだけれども、単行本にしたらまた売れる、という類似現象の一つとしても注目に値しますね。

私もかつて『情報の「目利き」になる！』（ちくま新書、７００円）で指摘したことがあるのですが、言葉遣いや文法は現実に生きているものなので、「間違った用法」というのは辞書的にしか言いえない、という問題があります。

さすがを流石と書いたり、流れに棹差すを勢いに乗るではなく歯止めをかけるという意味に使ってしまったり、意思と意志を使い分けなかったり、などは出版社の校閲的には×なのでしょうが、書き手が確信犯的に使う場合だってあるわけですし、誤用が多数派になればそのうち、「転じて」というふうに辞書にも載るようになり、そちらのほうが「正しい」となることも大いにありうるわけです。

『問題な日本語』がいいのは、このあたりがとても柔軟で、これは×でこれは○という二極思考をとっていないところです。

例えば、《わたし的にはＯＫです》については、こう回答されます。

《〔答え〕この言い方は行き過ぎだと感じる人が多いようですが、近ごろはずいぶん頻繁に耳にするようになりましたね。

「わたし的」を言いかえれば「私としては」となりますが、この表現は「他の人はともかく、自分はこう考える」という気持ちを表わします。他の人の別の意見があることを認めた上で自分の意見を述べるという述べ方ですから一見思慮深い述べ方のように思われますが、その陰にはストレートに自分の意見を言おうとしない〈逃げ〉の姿勢が感じられます。

「わたし的」に類する表現としては「気持ち的には若いつもりだ」……》

およそ4ページにわたってこの言葉遣いについて説明したうえで、末尾には「ポイント!」が付されます。

《「わたし的」「気持ち的」などの形で「的」を用いると、意味があいまいになり、聞き手に正しく伝わらないおそれがあります。》

わたし的には、この本のところどころに挿入された4コマ漫画が、かなりおかしい。

ちなみにこの項目ですと、3コマ漫画なのですが、わたし的にはOKです↓タワシ的には桶です↓まわし的には負けです、という感じで、言葉ではわからんかもしれんけど、漫画はおかしいです。

なにげに、きもい、みたいな、違かった、すごいおいしい、コーヒーのほうをお持ちしました、こちらきつねうどんになります、よろしかったでしょうか、っていうか、これってどうよ、全然いい……。

例えば、全然いい、と書くとやっぱり校閲の方はチェックしてきますが、漱石の『三四郎』にだって芥川の『羅生門』にだって「全然」は肯定文のなかで使われているぞ、と言おうとしましたら、ちゃんと同書にもそのことが触れられておりました。これについて4ページの説明のあとになされた「ポイント！」は、こうです。

《「全然」を肯定表現で使うのは必ずしも間違いではありません。否定的な状況や懸念をくつがえして〈まったく問題なく〉の意味で使う用法（「大丈夫？」「全然平気！」）や、二つの物事を比較して使う用法（「こっちの方が全然いい」）は、現在、一般化していると言えます。》

明確な説明であるにもかかわらず、柔軟な姿勢に深い共感がもてます。と言いますか、本当はいらいらしているんでしょうけど、ぐっと堪えて冷静に対処してくれています。

05年11月には『続弾！　問題な日本語』（同、800円）が出ました。これも、いい感じです。

『EX-word』CASIO

「XD-WP6800」「XD-WP6850」「XD-FP6800」
発売：カシオ　実勢価格：3万2000円前後

ようやく、希望どおりのものが出ました。

待ちに待った『EX-word《エクスワード》 DATAPLUS2』。私は三省堂書店（本店）で買い求めました。ただし、これを最高に便利だと思う人は少ないようなので（電子辞書に『知恵蔵』のような現代用語年鑑が入っているのは、これまで2機種しかなかった、という意味です）、売り切れたら補充されないかもしれません。

『EX-word DATAPLUS2』には、『イミダス』が入っています。

「複数検索」機能を使うと、『広辞苑』（岩波書店）、『漢字源』（学習研究社）、『ジーニアス英和辞典』（大修館書店）、『冠婚葬祭マナー事典』（旺文社）、『ビジネスマンのための英文手紙用例辞典』（学習研究社）、『最新 家庭の医学』（時事通信社）、『日本史事典』（旺文社）等々数十の基本的レファ本のほか『ブリタニカ国際大百科事典』（ティービーエス・ブリタニカ）や『イミダス』（集英社）が同時に引けるので、非常に便利です。

例えば「レファレンス」を引けば、『カタカナ語新辞典』（旺文社）のものと『広辞苑』

のものと『イミダス』収録のものとが、全部出てきます。このなかから読みたいものを選べばいいわけですし、画面が上下に分割されますから、項目のカーソルを移動するだけで下方に意味が出てくるのも便利です。

しかも、このEX‐wordシリーズのすごいところは、『自然科学系和英大辞典』(小倉書店、9800円、紙媒体は2万円)とか『医学大辞典』(南山堂、1万8000円、紙媒体は1万2000円)とか『現代用語の基礎知識』(自由国民社、2286円、紙媒体も2286円)などなどの追加コンテンツを、CD‐ROMまたはデータカードを通じてインストールでき、しかもその追加コンテンツを含めて「複数検索」で一気に引けることです。

ちなみに私は『模範六法』(三省堂、5980円、紙媒体は5200円)と『現代スペイン語辞典／和西辞典』(白水社、4980円、紙媒体では2冊合計8505円)などを追加でインストールして使っています。

なお、名刺サイズの『デジタル・データ・ヴュアーDD‐IC700S』と異なって、『EX‐word DATAPLUS2』は葉書サイズです。最初のうちは、少し大きすぎるのではないかとも感じましたが、40代以上の方には絶対便利だと思いますし、重さは大して変わりません。しかも、キーボードが小さすぎず、指もからまない。

難点は、辞書や事典をそれぞれ単独で使うときには迅速なのですが、「複数検索」で引くときは、『デジタル・データ・ヴュアーDD‐IC700S』などに比して、やや重い（遅い）ことです。

また「複数検索」に限り、引きたい用語を全部入力しないと、目的の語が出てこない（例えば「じえい」だけでは8項目出てきますが、「自衛隊」などは出てこない。「じえいたい」と入力する必要がある）ことも、そうでない電子辞書が結構ありますから、難点と言えば難点ですが、しかし、入力途中にもかかわらず「複数検索」で全部出てきてしまうと、すぐ数十項目にも達してしまいますから、これはやむをえないかもしれません。

もし、私が推薦するこの『EX‐word DATAPLUS2』が見つからなくても、同じシリーズ（EX‐word）であれば、『イミダス』は上記機種にしか入っていませんが、追加コンテンツとしてお買い求めになりこれをインストールすれば良いでしょう。

具体的には、同じEX‐wordシリーズの新製品『XD‐WP6800』『XD‐WP6850』『XD‐FP6800』が2005年3月に出ました。

どの電子辞書をお使いになるにせよ、例えば『模範六法』で「しんしんそうしつ」を引けば、たちどころに刑法や刑訴法や精保法などから20もの条文が一気に示されます。

他の類似品も多々ありますが、この機種をお薦めする最大のポイントをまとめますと、よくある「不要なものをたくさん積み込んだ」タイプではなく、使えるものを中心に『広辞苑』や『英和辞典』や『日本史事典』（旺文社）などのほかに、現代用語年鑑（『イミダス』）と百科事典（『ブリタニカ』）があらかじめ入っており、これらが同時に検索できること、しかも、『模範六法』など各分野の専門的なレファ本をオプションで（このコンパクトな電子辞書に）インストールできること、です。

このシリーズは「バックライト」機能がつき、とても見やすくなりました。これも非常に大きな進歩です。

『日本国語大辞典』全10巻

編集：日本大辞典刊行会　版元：小学館　（初版）定価：8800円×10巻　発行：1972年12月〜1976年1月　（縮刷版）8800円×10冊　1979年12月〜1981年5月　（第2版）1万5000×14巻　2000年12月〜2002年12月

机上に置く日本語辞書は、何でもいいと思います。ご自分にとって、いちばん引きやすいものを買ってください。

字を書くにはネットと日本語ワープロソフトで充分と言う人がいますが、地獄に落ちてくだされば幸いです。

プロとして文章を書く記者、ジャーナリスト、ライター、教師、研究者、法律実務家、議員、首長には、『日本国語大辞典』（1万5000円×全14巻、縮刷版は8800円×全10巻）は必備図書です。

古典などの文例が豊富なので、1冊本の日本語辞書で行き詰まったとき、『日本国語大辞典』は必ず解決してくれるでしょう。

全10巻の縮刷版で充分です。05年末から06年にかけて、全3巻（各巻1万4000円）の精選版も出ます。新聞社や出版社や学校や議会にお勤めの方で、もし手近な場所に『日本国語大辞典』が揃っていないのであれば、上司に「これくらいは揃えて！」と掛け合ってすぐに入れてもらうか、上司がアレな人でしたらご自分で買うか、早めに転職されたほうが賢明です。

ちなみに私はこの辞書を、営業マンをしていた26歳のときにローンで買いました。日本人として、これだけ充実した国語辞典がある、ということは誇らしいことだと思ったのです。

『新しい国語表記ハンドブック』

編集：三省堂編修所　版元：三省堂　定価：560円　発行（第5版）：2005年2月

安いのに、大変便利なハンドブックです。もともとは小中学校の先生用に編まれた本のようですが、大学受験にも、そして知的な社会人の座右のレファレンスとしても役立ちます。

一番ありがたいのは、《「異字同訓」の漢字の用法》が11ページにわたり（例えば、踊る／躍る、映す／写す、顧みる／省みる）、また《同音異義語の使い分け》が6ページにわたり（例えば、愛惜／哀惜、異義／異議、回復／快復）、さらに《間違えやすい漢字》が12ページにわたり（例えば、相合い傘○、相々傘×、合々傘×。意気衝天○、意気昇天×。絶対○、絶体×）、それぞれ簡潔に一覧化されていること、です。

『記者ハンドブック』『朝日新聞の用語の手引』『毎日新聞用語集』

『記者ハンドブック 新聞用字用語集』＝著者：共同通信社 版元：共同通信社 定価：1700円 発行（第10版）：2005年3月
『朝日新聞の用語の手引』＝著者：朝日新聞社 版元：朝日新聞社 定価：1400円 発行（05－06年版）：2005年5月
『毎日新聞用語集』＝編者：毎日新聞社 版元：毎日新聞社 定価：1400円 発行（最新版）：2002年2月

記者職には必須のハンドブックですが、これらをもっていない新聞記者はまずいないでしょうから、敢えて推薦する意味はないようにも思えます。
例えば『記者ハンドブック 新聞用字用語集【第9版】』にある《誤りやすい用字用語・慣用句》は、なかなか便利です。

足元をすくう↓足をすくう
安定化に向かう↓安定に向かう
カトリックの牧師↓カトリックの神父
押しも押されぬ↓押しも押されもせぬ

——といった具合。

（ただし、敢えて使う「押しも押されぬ」については、日垣『情報の「目利き」になる！』ちくま新書の第8話に書きました）

記者職にとっての長所でもあるのですが（誰が書いても同じ用字用語）、記者でない人にとって最大の欠点は、あらゆる用字用語を単一化してしまうことです。

右記の同じく《誤りやすい用字用語・慣用句》のなかから一例を挙げれば、「そっけつ」は一般の辞書なら「即決」と「速決」があり、実際には微妙な違いがあるのに（後述）、新聞社では速決も即決もすべて即決にせよ、と（右記の本のなかで）指示します。

もちろん、作家や部外の筆者が「速決」と書いた場合、たいていの新聞社では通るはずですし、とりわけ「敢えてそう書く」タイプの書き手には文句もつけてきませんが、そうでない書き手にはたいてい「即決？」と校正が入ったり、しばしば各社の内規（つまり右記の本）にしたがって勝手に修正したりするデスクも少なくないようです（つい先日も毎日新聞社の週刊誌で勝手に直されてゲラになってきたため、すべて元に戻すよう優しく申し上げました）。

朝日や毎日や読売では「愛敬」は一応ＯＫですが、「愛嬌」はアウト、原則として「愛きょう」と書かなければならないことになっています。共同の本では「愛きょう」しか認めていません。あい嬌のないかい社ですね。こういう書き方は莫迦にしか見えません。

にもかかわらず、例えば「唆す」はルビなしで書けと言います。

新聞記者から個性的な文筆家が出にくくなっているのは、この中国文化大革命的な一律主義からの脱皮にはリハビリが4年くらいは必要だ、という事情とも関係があるのかもしれません。

この件については、日垣『エースを出せ!』(文藝春秋)所収「新聞の漢字表記法に困惑」を参照してみてください。

ただし、文章を書くことを生業《なりわい》とする者、あるいはサイト上で日記を公開する人たちは、これらプロ仕様のハンドブックのすべてを熟読玩味し、いずれかを常備しておくべきでしょう。

自分流の用字用語集というスタイルをもつには、これらのハンドブックを完全に使いこなせるようにならなければ、それは不可能です。

共同通信社の本では、キャノン→キヤノンといった間違いやすい会社名の一覧表や、えびせんやウォシュレットやエレクトーンなど特定商品名の一覧表が掲載されています。この程度のことは、プロなら完全に覚えておきましょう。

ただし同書の書き換え指示は無視すべきです。パンケーキ→固形おしろい、と書き換えが指示されており、もしこれを本気にしたら、やばい感じになってしまいます。気をつけてください。

『日本語の正しい表記と用語の辞典』

編者：講談社校閲局　版元：講談社　定価：1359円　発行（第2版）：1992年12月

用字用語集としては一見地味ですが、会社所属や専属契約の記者でなければ、つまり一般人やプロの文筆業者には、これをお薦めします。

前項の新聞社発行のものは、誰が書いても同じ用字用語になるための内規であるのに対し、出版社では外部の筆者の多様なスタイルを前提とせざるをえないため、日本語文化を破壊してまで単一化に励む路線とは無縁なためだと思われます。

前述した「そっけつ」の例で言えば、こうなっています。

即決〔その場で決定すること〕即決裁判
速決〔短時間で決定すること〕軽はずみに速決するな

実際、例えば「軽はずみに即決するな」という書き方は、新聞社では疑問にすら思われませんが、スピードや熟慮が問題にされている場合には「速決」と表記するほうが自然です。

同書は、例えば下調－べ、下塗－り、下回－る、滴－る、などの送りがな部分は、すべて太ゴチックになっており、視覚的にも使いやすく、とりわけ間違いやすい送りがなには傍線が引かれており、便利です。

《誤りやすい慣用語・慣用句》も、同類本のなかでは最も充実しており、およそ文章を書くことが仕事の一つである人は、これらをすべて頭に叩き込んでおきましょう。《数字の書き方》や《物の数え方》が一覧で出ているのも便利です。

ここでまとめますと、学校の先生や受験生や事務職には『新しい国語表記ハンドブック』を、記者には『記者ハンドブック』類を、文章を書くことが平均よりかなり多い人には『日本語の正しい表記と用語の辞典』をお薦めします。

『現代文章作法』

副題：考える、書く、表現する現代文の常識大百科　編者：講談社　版元：講談社　定価：2000円　発行（増補改定版）：1986年12月

手紙文や請求書の書き方（会社名義で出すときの用例など）、校正の方法、添削法、レ

ポートの書き方、などが1冊にまとまっているのは、大変便利で他に類書はないと思います。使える故事、ことわざ、格言、四字熟語も網羅されており、仕事のなかで「書く」こともしなければならない人にはとても強い味方になってくれるはずです。

実用資料も充実しており、例えば「一月」の呼称だけでも《睦《む》月《つき》、正月、初春月《はつはるづき》、年端《としは》月《づき》、太郎月、端月《たんげつ》、初月《はつづき》、慎月《つつしみづき》》といったものがあるのですが、私もこのような用例はよく同書を使って調べます。

『新編 差別用語の基礎知識』『実例・差別表現』……………

『新編 差別用語の基礎知識』＝副題：何が差別語・差別表現か？ 著者：高木正幸 版元：土曜美術社 定価：3200円 発行：1990年1月

『実例・差別表現』＝副題：糾弾理由から後始末まで、情報発信者のためのケーススタディ 著者：堀田貢得 版元：大村書店 定価：2000円 発行：2003年6月

差別用語や差別表現は、なぜそれが差別的だとされたのか、その経過と理由をしっかり知っておく必要があります。

私は差別語を（落とし前さえつけられるのなら）口にしてはいけないとは思いませんし、ごく親しい間柄では使うことがあります。ちなみに、問題とされたことのある差別語は、日本語ワードプロセッサーでは絶対に変換されません。

ごく親しい間柄と言ったのは、それを「敢えて使っている」ということが確実に伝わる関係という意味です。それ以外で、不用意に使うことはありません。ですから、これまで私は差別語で抗議を受けたり、放送中にアナウンサーに謝罪されたりしたことは一度もありません。今後もないでしょう。

差別語に関する背景を知っておくと、何が良いのか。それは――

公の場で差別語を使って他人を傷つけたり、自ら恥をかいたり、周囲に迷惑をかけたりしない、という一事に尽きます。

恥をかき反発を招いてでもその言葉を使いたい、というのであれば、勝手に恥をかけばいいでしょう。差別語をめぐっては、その言葉を使う人間の感性、相手との距離感、その問題に対する理解力が問われるのです。

例えば「職場の花」というような陳腐な表現を私は使いませんが、だからと言ってこれを性差別だと糾弾するのは阿呆だと思います。「ご主人」とか「女子供」は歴史的背景や内実を踏まえたうえで使うべきでしょうし、「目がつぶれるほど本が読みたい」というのは皆様にも避けていただきたいと私は願っています。

また例えば、これらの本で差別表現とされている「精神分裂病」や「変質者」などを私は敢えて使い、逆に「触法精神障害者」などという被害者無視のふざけた言葉は絶対に使いませんが、このような言葉に普段は強く反応する圧力団体も、たとえテレビやラジオや新聞で私が使っても、絶対に抗議はしてきません。

抗議をする人々は、迂闊に使う者が許せないだけなのです。

何でもかんでも差別語だと言って避けると使う言葉がなくなる、などと平気で言う人もおりますけれども、そのような人は語彙《ごい》が貧困なだけでしょう。

差別語は主として、部落、障害者、民族、性、宗教、職業などに関連して問題を生じます。

なぜ「裏日本」や「トルコ風呂」という表現が消えたのか。そのほか幾多の置き換えは、どのような経過でそうすべきとされたのか。この2冊は、マスコミで問題化された差別語・差別表現の経過を詳しく紹介しています。

西尾秀和『差別表現の検証』（講談社、2000円）も、出版関係者は座右に置いておきましょう。

『例解　誤字辞典』

著者：土屋道雄　版元：柏書房　定価：2000円　発行：2001年7月

「先入感」とか「戦々競々」とか「誤ち」など、実際の新聞・週刊誌・月刊誌に載った用例をもとにした誤字指南です。

ちなみに、「専問家を自認する人でも感違いから誤用が以外に多い」には、4箇所の誤字があります。

わかりますか。

（答）問↓門　認↓任　感↓勘　以↓意

『角川　新字源』

編集：小川環樹／西田太一郎／赤塚忠　版元：角川書店　定価：2400円　発行（改訂版）：1994年11月

レファ本の筆頭に挙げなければならない辞典の一つです。

私は毎日1回はこの辞書をひもときますが、今の仕事につくまでは、引き方がわかりませんでした。こういう辞書を引けないのは日本人として恥だ（オーバーに言えば）と思えたので、3人の子どもたちにも個人教授したくらいです。

まあ、漢字の読み方を調べる、というだけなら、パソコンで「ワード」をお使いの方は、その文字にカーソルを当てて変換キーを押せば、読み方がわかります。

デジタルでなく、活字媒体の字が読めない場合は、その漢字や熟語を何とか音読みなどから推測して画面上に書くか、それとも「ワード」機能にある「手書き入力パット」で漢字を書き、そこにカーソルを当てて変換キーを押すか。

まあ、そういうことができる時代にはなりました。

ただ、字源辞典は、読み方を調べるのが主な働きではありません。

例えば「嬰」という字は、「女」と「貝」二つから成っており、それは「女が貝の首飾りをまとう」意を表わし、ここから「みどりご」の意味に使われるようになった、という成り立ちがあるのです。

したがって、「嬰」の意味としては「まとう」とか「くわえる」や「みどりご」「あかご」というものがある、ということもすんなり理解できるようになります。

こうして「嬰児《えいじ》」は赤ん坊のこと、「嬰城」は城壁をめぐらして守ること、という次第です。

あるいは「悪」は、醜いという意味を表わす「亞」と、そして「心」から成り立っており、「憎む」や「わるい」という意に使用されるようになりました。

悪弊、悪疾、悪行、悪逆、悪食、悪女などなど、『新字源』には「悪」のつく熟語だけで107もの例が出ており、この字源なしに文章を書くのは私にはちょっと考えられません。

ライターや記者や編集者などプロの方は、『角川 大字源』(角川書店、2万2330円)のほうを取り揃えましょう。

『早引き類語連想辞典』『類語国語辞典』『類語大辞典』

『早引き類語連想辞典』＝監修：野元菊雄　編集：米谷春彦　版元：ぎょうせい　定価：4600円　発行：2001年6月

『類語国語辞典』＝著者：大野晋／浜西正人　版元：角川書店　定価：3200円　発行(第8版)：1985年1月

『類語大辞典』＝編著：柴田武／山田進　版元：講談社　定価：5005円　発行：2002年11月

最も悩ましきレファ本は類語辞典ではないか、と思います。

その必要性は、もちろんわかっている。便利さだって、よく承知しているつもりだ。

けれども、使いこなせない――。

ラブレターや、それなりの企画書や提出文で、あまりにも紋切り型の表現は避けたい、というとき役に立つ（はずな）のが類語辞典です。

例えば、「落ち目」という言葉を使おうと一瞬思って、ちょっと待てよ、もう少しマシな言葉がないか。

類語辞典を引く。下り坂、斜陽、衰運、衰退、左前、不振、衰える……。ううむ、もっと気の利いた表現はないのか。

上記のなかから「斜陽」を今度はさらに引いてみる。夕日、落ち目、衰退、没落、落日……。

そんなことをさくさくっとやって、つい先ほど、次のように文章を推敲しました。

ポルトガルやスペインや大英帝国やナチスも落ち目になってゆくのである。

↓

ポルトガルやスペインや大英帝国やナチスも孤城落日《こじょうらくじつ》の憂き目にあったのです。

孤城落日の憂き目、という表現は、ほかで見たことはありませんし、私としても最初で最後だと思います（ちくま新書『売文生活』１０９ページの一文として）。

陳腐な表現と同様、あまり難渋なのも困りものです。この「孤城落日の憂き目」なら、その字面から、たいていの人には意味がとれるでしょう。

ついでに、「表現」の類語を見てみると、言い回し、あや、言い方、言論、写実、発表、筆舌、筆致、表示、描写、名状……などとあります。

けっこう勉強になりますよね。知ってはいても、置き換えの言葉を探したいときに、類語辞典はとても便利です。

しかし、やはり問題は「引きにくい」という点でしょう。

私はこれまで、主に『類語国語辞典』を使ってきました。最近出た『類語大辞典』も、出てすぐに買いました。

これまで紹介してきたレファ本に比べると、意外に思われるかもしれませんが、私は類語辞典を滅多に引きません。ときどき思い出したように使う程度です。本当は、もっと駆使したいのです。利用価値が高いことは、よくわかっているのですから。

でも、前記した2冊は評価が高い割には、非常に活用しにくい。

カテゴリー別に分類されているからだと思います。

例えば講談社『類語大辞典』は、「作る」とか「回す」とか「称える」といったような100のカテゴリーに分かれています。角川『類語国語辞典』も、おおむね同様です。だから、とても引きにくい。引く気になれない。

もちろん索引はついています。

いったん索引で「落ち目」を引き、その指示するページへ飛ぶわけです。角川『類語国語辞典』なら【162「隆盛」a「不振」】に飛び、そのなかに羅列された言葉を見てゆきます。斜陽、落日、不如意、下火、旧態依然、竜頭蛇尾……。

講談社『類語大辞典』なら、索引で「落ち目」を引き、その指示にしたがって【7305「衰える」d「形容動詞の類」】に飛ぶ。下向き、左前、先細り、尻つぼみ、よぼよぼ、残衰……。

引いてみると、なかなかなのですが、やっぱり引きにくいのは否めません。両方とも良い辞書であることは疑いないのに、まず講談社『類語大辞典』は非常に重い。角川『類語国語辞典』は楽しくない。

二つとも、全ページに単語の意味がいろいろ書いてあるのですが、そんなことは類語辞典に絶対必要なのでしょうか?

その意味もわからないような言葉は、とても置き換えには使えないでしょう。

もっと簡便に、置き換える単語を早く引きたい！　というふうに常々思っていましたら、ついに見つけました。

それが『早引き　類語連想辞典』です。

これはいい。

文字どおり「座右」に置いておきたいレファ本です。

なにせ、あいうえお順なので、簡単に類語を引くことができます。

どうして、こういう類語辞書がこれまで出てこなかったのでしょうか。

ただし、プロの文筆業の方には、角川『類語国語辞典』との併用をお薦めします。使いにくいだけで、非常に良い辞書です。

講談社『類語大辞典』は、引いてみると楽しいのですが、私にはその良さがまだ理解できていません。それにともかく重すぎる。類語辞書は、ぱっと引きたいのです。文章を書いているときに、思考を中断されたくない。

思考を中断するレファ本は良くない、というのが私の基準です。

其の七

歴史を振り返る

『近代日本総合年表』

副題：1853（嘉永6）―2000（平成12）　編集：岩波書店編集部　版元：岩波書店　定価：1万1000円　発行（第4版）：2001年11月

年表は、レファレンス（参考調査）ブックの典型です。もちろん、日本史年表の使い方も各人各様でしょう。まず元号と西暦の置き換えを参照するために使います。

年表を使わず暗算でやるときは、下2桁に注目して――

平成（例えば平成8年）は、88を足すと西暦（1996年）になります。

昭和（例えば昭和8年）は、25を足すと西暦（1933年）になります。

大正（例えば大正8年）は、11を足すと西暦（1919年）になります。

明治（例えば明治8年）は、67を足すと西暦（1875年）になります。

88と11は覚えやすいですよね。あとは67。それに25は四半世紀です。老化防止のためには、できるだけ覚えましょう。

日常的には、昭和と平成を覚えておけば充分ですが、何気ない会話のなかで明治をすぐ西暦に置き換えられると、周囲から若干尊敬されます。

私は記憶力が悪いので、（昭和の25プラスは覚えていますが、明治や平成が覚えられず）机の横に「平成3＝91、平成10＝98」などと書いて貼ってきました。最近はビジネス手帳に一覧表を見つけ、そのページをコピーして貼ってあります。

高校で使う『日本史』の教科書があれば、右記の「置き換え」や、第2番目のニーズとしての「教科書的年表の参照」は足りるでしょう。

簡易な現代史年表としては、『昭和・平成・現代史年表 大正12年9月1日～平成8年12月31日』（小学館、1300円）あたりがいいと思います。当然とは言え五十音索引と項目索引もあり、歴代内閣一覧や各種スポーツ記録など付録もついています。

本格的なものとしては、『近代日本総合年表』が何と言ってもイチオシです。政治、経済、社会、学術、芸術、国外の6分野に分類されており、各年流行語や経済指標も末尾についています。研究的（裏づけ確認のため）に利用する場合にこの年表がありがたいのは、多くの項目について典拠文献が明示されていることです。

『読める年表　日本史』

編著：川崎庸之／奈良本辰也／原田伴彦／小西四郎　版元：自由国民社
定価：4935円　発行（改訂第8版）：2003年6月

日本人の「暮らし」について最も充実した年表としては、『明治・大正　家庭史年表　1868→1925』（河出書房新社、4900円）＋『昭和・平成　家庭史年表　1926→1995』（河出書房新社、4900円）があります。

約1200社の社史・業界史・行政資料や地方新聞60紙から項目やデータを丹念に拾いあげ、下宿代や家賃、物価、サラリーマンの給料変遷、あるいは多彩なエピソードも満載です。

レファレンス用に私がよく使っている現代日本史年表としては、ほかに『昭和　二万日の全記録』（全19巻、講談社、各巻2880円）があります。平成は新聞記事のデータベースがオンラインでも充実していますが、昭和をデイリーかつジャーナリスティックに振り返るには、このシリーズがベストでしょう。

最終巻（第19巻）には、43項目にわたって、例えば「マイホーム」や「スポーツの記録」などのデータが一覧に付されており、これだけでも最上のレファ本として座右に置いておきたい1冊です。

ただまあ、右記の2点は場所もとるし値段も高い。

そこでお薦めしたいのが、『読める年表 日本史』であります。年表と記事と解説が一体化した、実に使えるレファ本です。

例えば1948（昭和23）年には、昭和電工事件やら福井大地震やら「いのち売ります、五万円」などの項目があるわけですが、それぞれ「何それ？」という疑問に答えて全面的かつ簡明に記述されています。

1982（昭和57）年の三越岡田社長追放劇についても、あるいはずっと時代を遡って、例えば1858（安政5）年の「安政大獄-権力による大量殺人」についても、それぞれ半ページ以上を使って、実にわかりやすく解説されている、といった具合です。

1200ページ近い書物でありながら、この値段は安いと思いませんか。

これは本当に勉強になります。38歳以上の教養人にお薦めします。

それ以下の若造諸君には、これを使いこなすのはまだ無理かもしれません。

『詳説 世界史』

販元：山川出版社　定価：官報公示価格　発行（最新版）：2005年3月

大学受験用定番の教科書です。

教科書を取り扱っている書店で注文すれば（教科書を無くした兄弟姉妹や子どもの代わりに来ました、という顔をしなくても、国民は教科書を買う権利があるのです）、たいていの文科省検定済教科書は数百円で購入できます。

私は同書とともに『チャート式 新世界史B』（数研出版、1940円）を愛用しています。

歴史的な事件、あるいは宗教がらみの理解が必要なとき、または文化的な背景を復習したいときは、高校の教科書にまさるものはありません。

そもそも世界史の知識は、少なくとも「書く仕事」には必要不可欠です。

ぜひ購入しておきましょう。

どこの出版社のものでもいいと思います。

なお、市販品（一般書籍）もたくさん出ていますが、しかし、この教科書が1冊あれば充分ですし、そのほうが安いのです。

教科書取扱所（書店）にて、買えます。石頭が売ってくれない場合は、自分または子どもが無くしたようなことを言えばいいでしょう。

『詳説　日本史研究』

編集：五味文彦／高埜利彦／鳥海靖　版元：山川出版社　定価：2381円　発行：1998年9月

教科書はたいてい単調なので、ちょっと寂しい。文章もつまらないため、通読するのはなかなか難しいと思われる方も多いでしょう。

私は毎年正月に、日本史と世界史の教科書を必ず全ページ読み通します。

教科書としての『詳説　日本史』（山川出版社）より、こちらを推薦する理由は、あくまで一般論ですが、自国の歴史について不明なことは恥ずかしいことなので、より読みやすく、より詳しいものを座右に確保したほうが現実的だからです。

同書は、写真や一覧表や資料が、とてもすぐれています。

もちろん、文筆業の方には例えば次のようなレファレンス本が必須となるでしょう。

あくまで一例として、ですが、
『戦後史大事典』（三省堂、６２００円）
『事典 昭和戦前期の日本 制度と実態』（吉川弘文館、５７００円）
『事典 昭和戦後期の日本 占領と改革』（吉川弘文館、５６５０円）
などです。
これらについては、また項を改めてご紹介します。

『事典 近代日本の先駆者』

編集：富田仁　版元：日外アソシエーツ（紀伊国屋書店）　定価：９５１５円　発行：１９９５年6月　現在はオンライン（ＷｅｂＷＨＯ）にて提供継続

これもすごい人物事典です。ありとあらゆる分野の先駆者、例えば「ビスケットの製造」とか「ブリキ印刷の創始」とか「置時計製作の先駆者」とか「馬鈴薯栽培のパイオニア」とか、実に１１００人が解説されております。

『来日西洋人名事典』

編集：武内博　版元：日外アソシエーツ　定価：1万2600円　発行：1983年3月（増補改訂普及版）4600円　1995年1月

16世紀以降、たくさんの西洋人がこの国にやってきました。どうして彼らは、日本を選んだのでしょうか。そして何をしたのでしょうか。シーボルト、ウェストン、フェノロサ、ヘボンくらいならついていけますが、1303人ともなると、かなりオタッキーな領域に入ってまいります。

が、これらの人々によって、アジア文化圏の日本は、欧化（近代化）されてゆくのです。同書のすごいところは、あるいは百科事典よりすぐれているところは、この分野に最も詳しいことと、各項目の末尾に膨大な参照文献が掲載されていることです。

姉妹編として、『海を越えた日本人名事典』（同、1万5000円）、『事典　外国人の見た日本』（同、9800円）、『20世紀西洋人名事典』（2分冊、4万6602円）があります。

ちょっと、重くて高価すぎるかもしれません。

『戦後50年』

編集：毎日新聞社　版元：毎日新聞社（毎日ムック）　定価：２８００円　発行：１９９５年３月

新聞社が発行している現代史年表としては、『早わかり20世紀年表』（別冊朝日年鑑、朝日新聞社、１０００円）が、とりわけ「年月日を確認する」という目的のためには最も手早くレファレンスできるでしょう。20世紀限定という編集方針ゆえ、１９０１年から１９９９年までなのですが、出版局の人は２０００年も20世紀だと気づかず企画してしまったのかもしれません。

新聞社が発行する現代日本史年表で最も有意義なのは、毎日ムック『戦後50年』です。毎日新聞社は、新聞社のなかで最も「写真」の保存と整理に意欲的であったため、歴史的な写真が充実しているのは言うまでもありませんが、それ以上に、年ごとに「ＮＥＷＳ」「ＴＶ」「ＣＭ」「ＭＡＧＡＺＩＮＥ」「ＭＯＶＩＥ」「ＳＯＮＧ」「ＢＯＯＫ」「ＡＭＵＳＥ」という欄に分け、網羅的にピックアップしていることが、そのような関心に基づく利用の便に適っています。

古書ネットでは、１０００円から３０００円程度で売られています。ぜひ『戦後60年』

を出してもらいたいところですが、無理でした。

『戦後史大事典　増補新版』

副題：１９４５―２００４　編集：佐々木毅／鶴見俊輔／富永健一／中村政則／正村公宏／村上陽一郎　版元：三省堂　定価：６２００円　発行（増補新版）：２００５年６月

最初の版が出たのは１９９１年です。１万４０００円以上しました。私もそれ以来、ずっと座右に置いています。その４年後に増補縮刷版が登場し、２００５年６月に待望の改定新版が出ました。

あと10年は出ないでしょう。もしかするとこれが最後になるかもしれません。ぜひこの機会に買っておいてください。

この事典は、「戦後の日本」を正確に知るには最良のレファ本です。

ちなみに「こ」で始まるごく一例として、光化学スモッグも、抗癌剤も、公正取引委員会も、高速道路も、公団住宅も、高度経済成長も、紅白歌合戦も、高齢化社会も、いずれも戦後的なるものにほかなりません。やはり、日本史のなかで戦後はいかにも特殊です。

戦後は確かに終わったのかもしれません。しかし、戦後に始まる急激な変化は現在も、そして未来へも続いていきます。

同書には、例えばGHQの配備状況も、交通事故の経年統計も載っています。末尾の付録として、詳細な「戦後史年表」だけでなく、「1946年以降の国家予算」や「戦後の主な災害」、「芥川賞・直木賞受賞者一覧」、「戦後の内閣一覧」などもあり、いかにも便利です。

『クロニック　世界全史』『日本全史　ジャパン・クロニック』

『クロニック世界全史』＝編集：樺山紘一ほか　版元：講談社　定価：1万6505円　発行：1994年12月
『日本全史　ジャパン・クロニック』＝編集：宇野俊一ほか　版元：講談社　定価：1万3398円　発行：1991年3月

『クロニック　世界全史』と『日本全史　ジャパン・クロニック』は、古代から現代まで、それぞれ世界史と日本史を網羅するものとして、日本語で読むことのできる最良のものです。

問題点は、『クロニック　世界全史』がやや入手しづらくなっていることと（古書ネットでは5000円前後で出ています）、重すぎて足に落としたら非常に痛いことでしょうか。

『事典　昭和戦前期の日本』

副題：制度と実態　著者：百瀬孝　版元：吉川弘文館　定価：5700円　発行：1990年2月

親しい後輩に、メールで《一等兵殿　作業完了セリ　軍曹》と、ふざけて打電しましたら、《了解シマシタ　トコロデ一等兵ト軍曹ハドチラガ偉イノデスカ》と来たもんだ。

私は回答しました。

《二等兵→一等兵→上等兵→伍長→軍曹→曹長→特務曹長→少尉→中尉→大尉→少佐→中佐→大佐→少将→中将→大将　従ツテ君ハ3階級下》

勉強熱心なその後輩は、続けて《士官候補生の士官てどこからなのですか》と訊いてきます。めんどうくせえなあ（笑）と思いつつ、こう答えました。

《陸軍と海軍とで異なっています。もともと旧陸軍で「士官」と言えば少尉→中尉→大尉の3階級を指していましたが、昭和12年には「士官」の呼称が廃止され、尉官に統一されます。旧海軍で「士官」と言えば少尉↓中尉↓大尉↓少佐↓中佐↓大佐↓少将↓中将↓大将までを総称しており、陸軍よりかなり広範囲です。このあたりを間違えるとビンタされます。

いわゆる士官候補生というのは三つのルートがありまして、一つは陸軍士官学校を卒業する典型的エリートコース（東大卒より偉い）。二つめは下士官から少尉に推薦されるコース（試験によるたたきあげ。軍曹以上なら受験資格があったが、キミのような一等兵はありえない）。三つめは学徒動員に特殊なもので、説明すると長くなるので省略。だいたいわかった？》

日本軍における階級名称の問題に限らず、戦前の制度について、詳しくなどわからないのが普通です。

ごく最近、組織を巨大化させただけの行政改革で、例えば厚生省と労働省が一緒になって厚生労働省になったくらいはまだついていけるけれど、他のややこしい統廃合はもうお手上げ、という人も少なくないと思います。

ましてや、戦前はどうなっていたかなど、どうやって調べたらいいのか。

同書は、当時の「日本」がどのような仕組みになっていたかを網羅的に示してくれます。行政、司法、立法、法制、政党、財閥、皇室、軍隊制度、教育制度、そして植民地統治に至るまで、第一次資料に基づき、索引も充実しています。

例えば戦時中の翼賛運動団体についても、大政翼賛会、国民義勇隊、大日本政治会などを詳述、あるいは特務機関とか、国民学校とか、師範学校とか、年金制度とか、それぞれその来歴と本質と実態を的確に解説したうえで、さらに詳細を知るために不可欠な第一次史料の在《あ》り処《か》も教えてくれます。

なお、昭和20年前後の国債費およびその（歳出に占める）比率、残高、またインフレ率をお知りになりたければ、『昭和財政史　第4巻』（東洋経済新報社）の統計ページ、『大蔵省百年史（下）』『大蔵省百年史別巻』（大蔵財務協会）に掲載されています。

これらは単価も高い（各冊とも1万円以上します）ので、もっと簡便に知りたい方は、この『事典　昭和戦前期の日本　制度と実態』をぜひご購入ください。戦前の「諸制度と実態」を網羅的に知るには最高の1冊です。

『事典　昭和戦後期の日本』

副題：占領と改革　著者：百瀬孝　版元：吉川弘文館　定価：5933円　発行：1995年7月

占領軍によって、日本は大きな変貌を遂げました。その変化を一覧するのに、最良の1冊です。

お察しのとおり、前記『事典　昭和戦前期の日本　制度と実態』の姉妹編です。2005年は、敗戦後60年にあたりました。たくさん戦争ものや敗戦関連本が出版されましたが、この2冊と、『日本の戦争を見に行く』(あと1章を残して執筆が遅れているため、なかなか出ない私の新刊予定の一冊）があれば充分（笑）です。

『事典　昭和戦後期の日本　占領と改革』の目次を掲げておきます。

第5章　政党（自民党、社会党など）
第6章　社会保障制度（公的扶助、年金など）
第7章　国防（警察予備隊、保安庁、自衛隊など）
第8章　教育制度（教育政策、学校制度など）

日本の教養人は、見栄でもいいから、この2冊は必ず常備してください。ネット上の「日本の古本屋」や、アマゾンのユーズドでも出品されています。

高いので、どちらか、ということでしたら、迷わず『戦前期の日本』を買ってください。類書がないからです。お小遣いのゆとりがある方は、品切れ前に買っておくことをお薦めします。

『しらべる　戦争遺跡の事典』

編集：十菱駿武／菊池実　版元：柏書房　定価：3800円　発行：2002年6月

たまたま私が最初に書いた単行本は『されど、わが祖国』（信濃毎日新聞社、1500

円）という、中国残留帰国者の「その後」をめぐる物語であり（これは簡単に短期間で書けました）、その後に『「松代大本営」の真実』（講談社現代新書、631円）を出し（これは本当に難産でした。自分で設定した質の壁をクリアしないと物書きとしては長くやっていけないだろう、という強い呪縛がありました）、そしてここ数年は前述した『日本の戦争を見に行く』（クレインより刊行予定）のゲラを抱え続けていることもあって、各地の戦争遺跡をたくさん見てきました。

ポーランドやドイツや日本の地下壕を見て歩いた時期もあります。

東京で「地下壕サミット」を主催したこともありました。いきなり世界中から800人も集まってしまいまして。

あのころは極端に若かったのだなあと思います。

1942年にマッカーサーが脱出を図ったコレヒドール要塞（フィリピン）とか、七三一部隊遺跡（中国）とか、かつて「天皇の島」と呼ばれたペリリュー島の海軍司令部跡などにも、訪れたことがあります。とりわけ、BC級戦犯第1号（横浜裁判）の取材で、フィリピンには何度も足を運びました。

さてこの本では、前記したような「海外の戦争遺跡」は全体のむしろ一部で、多くは日本各地の戦争遺跡案内にページが割かれています。北海道エリア、近畿エリア、中四国エリアなどと地域ごとに編集され、さらに、それぞれの遺跡は1～4ページ程度のコンパクトな解説に、地図や写真やデータが添えられ、参考文献も充実しています。

残念ながら「松代大本営」の項目だけは不勉強な共産党万歳の高校教師が書いているため、近代史の専門家から見るとお笑いの領域に達しているのですが、それはまあご愛嬌としましょう。そのあたりは割り引いて読めばいいだけです。レファ本として類書がありません。

しかも同書は単なる「遺跡案内」だけでなく、素人向けというよりもむしろ若い学究の使用に充分耐えるつくりになっており、遺跡や史資料の調査方法について過不足のない道案内もなされています。

『世界戦争犯罪事典』

監修：秦郁彦／佐瀬昌盛／常石敬一　版元：文藝春秋　定価：1万8000円　発行：2002年8月

値段がちょっと高すぎるかもしれませんが、実に画期的な本です。

2005年3月末から4月にかけて「ファルージャの悲劇」が米軍によって起こされま

した。このような戦争犯罪が、途切れることなく続いてきた、というような抽象論は何度も耳にされたことがあるかと思います。アウシュヴィッツや七三一部隊や三光作戦やソンミ事件やポルポト政権による大虐殺やアルカイダによる対米同時多発テロ、くらいなら百科事典を開くかネット検索の時間さえあれば、それなりに説明できる高校生もいることでしょう。

この書物には、実に悪魔的な戦争犯罪が網羅されています。読んでいて、つくづく嫌になりました。我慢して、全部読みましょう。

「湾岸戦争におけるイラク軍の戦争犯罪」や、同じく「湾岸戦争における米国の戦争犯罪」、また「ルワンダ共和国の大虐殺」や「コソボ紛争における虐殺」などについても正確に詳述されています。

ボルネオの東岸にサンダカンという港湾都市があります。今ではミニ香港とも称され、また福田元官房長官似のオランウータンが世界で最もたくさん生息するエリアとしても知られるサンダカンは、かつて九州・天草などから身売りされた日本人娼婦の置屋があった街でもあります。

1945年の2月から6月にかけて、このサンダカンから西海岸までの約260キロを日本軍に移動させられた英豪軍捕虜の大半が死亡させられた事件がありました。歩けなくなったり反抗する捕虜は銃殺せよ、との指示が出ていたのです。これは現代史上「サンダカン死の行進」と呼ばれています。私も、フィリピン・バターン半島における「死の行進」を、生き証人（アメリカ人）とともに歩いたことがあります。日本軍はアジア各地でこのようなことをしでかしてしまったのですね。

残念ながら、細菌兵器を実戦で初めて使用したのも日本軍でした。毒ガスはフランス軍、次いでドイツ軍です。

同書では「戦争犯罪」をやや広義にとらえています。「東ティモール独立とインドネシア軍の弾圧」や「光州事件」や「タミルの虎とスリランカの内戦」なども含まれているのは、①ハーグ陸戦規則に違反する通常の戦争犯罪、②明確な侵略戦争のほかに、③人道に対する罪と、④内戦と大量虐殺とを除外しなかったからです。

この③や④を含めないと、ナチスの対ユダヤ人犯罪やポルポト政権の大虐殺まで（戦争犯罪という概念から）除外しなければならなくなってしまいます。共同出版を担ったドイツ側は、対ユダヤ人犯罪を同書に含めることに強い抵抗を示し、実際、ドイツ版には載っていません。びっくりですね。

たまたま新潮新書『黒いスイス』（680円）に詳しく描かれましたが、500年もの長きにわたって永世中立国をやってきた風光明媚な国スイスが、ロマ（ジプシー）の子どもたちを国策として大量に誘拐していた事実は意外に知られていません（ついでながら、『黒いスイス』によれば、外国人がスイスの国籍取得を希望すると、住民投票を経なければならず、そのための資料には学歴、逮捕歴、結婚歴、職歴その他プライバシーが詳細に印刷されて全住民に配布されるのですが、その同意が与えられるのは欧州人に限られ、アジア人などまず国籍取得は認められない、などという実態が淡々と描かれています）。

ナチスが絶滅させようとしたのは、ユダヤ人だけではなく、ジプシーに対しても同様でした。また、ユダヤ人を追放したのは、スペインも同様です。なお、バイオリン協奏曲「ツィゴイネルワイゼン」のツィゴイナーは「すごいなー」という意味ではもちろんなく、ジプシーのドイツ語読みです。

ついでに言わせていただくならば、アウシュヴィッツは、ナチ占領時代のドイツ語読みであり、ポーランドでは当時もオシフィエンツィムと呼ばれています。長春（吉林省の省都）を満州国時代の新京と呼んだり、ソウルを植民地時代の京城と呼ぶようなものではないか、と私は高校1年生のときから思っておりました。

同書は通読すべきものなのか、あるいはレファレンス・ブック（積ん読）なのかはともかく、この本の優れた点は、第1に、網羅的で正確な記述に加えて、第2に、現代的な諸問題から逃げないで明快な定義や解説を加えている点（例えば、同時多発テロ後の米国の行動を「報復」と表記したマスコミの国際法的無知についてなど)、そして第3に、各項目についての参考文献が充実していることが挙げられます。

さらに第4として、巻末の「第三部　参考項目」(ちなみに第一部は「アジア・太平洋・米大陸」、第二部はヨーロッパ・中近東・アフリカ)の諸資料が手際よくまとめられている点も優れています。「戦後補償-日本の場合」「戦後補償-ドイツの場合」「戦争犯罪関係の国際条約等一覧」なども解説・邦訳されており、人類における男達の懲りなさを知るには、悪魔的に便利な本となっています。

『戦後日本病人史』

編著:川上武　編集協力:坂口志朗/藤井博之　版元:農山漁村文化協会　定価:1万1429円　発行:2002年3月

この本は、目次だけで24ページもあります。

第2章「経済復興期の病人」の5節は「らい予防法廃止までの遠い道」。第3章「高度経済成長から成人病の時代へ」の2節は「がんと闘う病人」で、さらに(1)がんの増加、(2)改善した治療率、延命率などと続きます。第9章「『認定』と『補償』の責任論」などという章タイトルに、私などはむずむずしてしまいます。第10章「精神障害者と『こころを病む』人びと」の例えば4節は「『心の病』の戦後史」、第12章は「寝たきり・痴呆老人の戦後史」、第13章「難病患者の苦悩と挑戦」の3節の（1）には「あるALS患者の体験から」もあり、その網羅性に驚かされます。

これらが第I部として「戦後日本病人史の諸相」と大きく括られ、第II部「現代医療のパラダイム転換と病人・障害者」の例えば第2章は「性革命から生殖革命へ」となっている、といった具合。

本文の組み方も非常にゆったりしていて、分厚いわりにはスムーズに読めます。各ジャンルの参考文献も網羅的に引用、紹介されており、医療分野に関心のある人には、あらまほしき作りです。文章の基調は〝きれいごとすぎる〟つまり〝左翼っぽい〟嫌いがありますが、とにかく「病」に関するデータベースとして使える本であり、盛り込まれた統計や歴史的記述も正確です。

『20世紀にっぽん殺人事典』

著者：福田洋　版元：社会思想社　定価：4600円　発行：2001年7月

版元に異変が起きてしまい、入手できないかもしれません。

たまたま前項で紹介した『戦後日本病人史』と同書は、まったく厚さが同じで、並べた上に珈琲を置いてもこぼれませんでした。そういう問題ではないか。

レファレンス・ブックとしても価値が非常に高いうえに、通読それが無理なら目次を見て興味深い節だけを拾い読みすれば、賢くなれると思います。

『20世紀にっぽん殺人事典』は、もし手に入らなければ、日本の殺人事件のデータベースとしては、http://www.alpha-net.ne.jp/users2/knight9/j.htm があります。

同書はレファレンス本として、つまりニュースを一過性のニュースとしてだけ見るのでは飽き足らない人に、役立ちます。昔から、おかしな事件はたくさん起きており、本当の「特色」は何なのか、などを見極めるのに必要なデータです。類似本のなかでこれをお薦めするのも、その正確さゆえです。

其の八

テレビに役立つ

『韓《はん》流ドラマ館』

副題：ペ・ヨンジュン伝説の幕開け　編集：柳雪香とヨンヨンファミリー　版元：青春出版社　定価：1400円　発行：2004年10月

「冬のソナタ」がNHK総合で放映が始まったとき、「エコノミスト」誌の「敢闘言」で私は次のように書きました。

《NHK総合で韓国ドラマ「冬のソナタ」が始まった。全20回である。すでにNHK-BS2で2回も放送されている。以前、韓国で同じ局で同じスタッフによる「秋の童話」が大ヒットしたのだが、今回も韓国でブームを巻き起こし、日本にも伝播しつつある。

「冬ソナ」は、中年女性にまず受けた。ときめきと秘密と嫉妬がテーマである。ドラマを見て若返るのは悪いことではない。

韓国では、テレビは個室にではなく居間にのみあるのが現在でも一般的だ。視聴率の重みが違う。チャンネルもかちゃかちゃ変えないから、CMスポンサーにとっても天国である。日本ではCM時の視聴率低下が頭痛の種だ。CM前後の復習的重複にも不満は募る。

韓国のドラマでは、途中でCMが流れることはない（CMは前後のみ）。家族がそれぞれ落ち着いて架空世界に浸ることができる。

建前としての反日とは裏腹に、日本の歌やアニメやドラマはほぼ一方通行的に流入してきた。２００2年の日韓合作ドラマ「フレンズ」を機に、その流れが明らかに変わった。他方、最近の日本では、「白い巨塔」「牡丹と薔薇」「砂の器」などのリメーク版が高視聴率を得た。１９７０年代への郷愁と言っていい。

日韓ともに、作り手も受け手も、青春、貧しさ、正義感、親孝行や友情というものにリアリティーを感じる世代である、という点が共通しているのではないか。

そう思いたい。》（「エコノミスト」２００4年4月20日号）

私は、「ヨン様」に嵌《はま》って成田空港にまで出かけてぎゃあぎゃあ騒ぐ未成熟なおば（か）さんたちに興味のかけらもありませんが、「初恋」全66話を始め、韓流ドラマの主だったものは見ております。

なぜ、韓流は日本で受けたのか。

その謎を解くためにも、同書は座右の……ってほどではないにせよ、これ1冊あれば、韓国でヒットした数々のドラマのストーリーや配役も一目でわかります。

韓国のドラマや映画には、その恋愛にセックスが伴いません。映画「情事」は例外中の例外です。ということも、同書を通読してみると気づかされます。

『テレビ・タレント人名事典』

編集：日外アソシエーツ　版元：日外アソシエーツ　定価：6600円
発行（最新第6版）：2004年6月（第5版は2001年7月）

レファ本のなかで、私が最も頻繁に使用するものの一つです。

帯には、こうあります。

《テレビの横に一冊！

テレビによく出る有名人8000人を網羅。映画、演劇、音楽などの分野で活躍中の人物の最新情報が満載。話題の新人アイドルから、ミュージシャン、文化人、アナウンサーまで、プロフィール、作品名、所属事務所、公式ホームページアドレスが充実！》

どんな映画やドラマや人気番組に関わってきたかなど、たちどころにわかりますし、最近の漫才ブームにより、若手がどんどんテレビの出演頻度を増す陰で、いつのまにか出演機会が減っていく有名人を知るにも最適です。

写真がないのが欠点ですが、そういう方には『日本の芸能人ベストセレクション1000』（勁文社、1300円）は、収録数は少ないですが写真つきです。最低限のプロフィールと写真だけでよければ、『TVスター名鑑』（東京ニュース通信社、857円）は61

００人も収録されています。

『全記録テレビ視聴率50年戦争』

副題：そのとき一億人が感動した　著者：引田惣彌　版元：講談社　定価：２０００円　発行：２００４年4月

視聴率という言葉は業界用語を脱して広く日常的に耳にします。けれども、それがどのように誕生し、現在どのように実施されているかを正確に語れる人は、よほどのテレビ好きでも意外に少ないようです。

同書の一部「草創期のテレビ番組と視聴率調査」に、そのことが詳しく書かれています。第2部は、これが同書の4分の3を占めているわけですが、視聴率に関するありとあらゆるデータと、１９６３年から２００３年までのトピックスが詰まっています。

連続テレビ小説視聴率一覧（第31回目として83－84年に放送された「おしん」のスゴさが実感できます。期間平均視聴率52・6％！）とか、１９７４年の項目には「小野田さん帰国」と「横井さん帰国」の視聴率比較があったり、「日本レコード大賞」や「プロ野球公式戦の歴代視聴率ベスト10」も、もちろんあります。

役に立つのかどうかよくわかりませんが、「水戸黄門・助さん・格さんの配役一覧」とかも載っています。

プロ野球の巨人戦中継が、かつての30％台からぐんぐん落ち続け、今や7％とか5％も珍しくなくなった、という話が最近はよく交わされています。スポーツ中継全般がダメになったのか、と言うと、例えば「東京箱根間往復大学駅伝競走の歴代視聴率一覧」を見れば、むしろ伸びてきていることがわかります。

それにしても、箱根駅伝の正式タイトルはこんなに長かったのね。

巻末には、63年から03年までの「年間視聴率ベスト20」がずらーと収められており、かつては独り勝ちだったNHKの長期低落ぶりが、こうして見ると露わになってまいります。

プロボクシングとか映画とか紅白とか、ちょっとでも気になったテレビ番組（の経年変化）があったら、同書を開いてみましょう。

たまたま私の世代は「テレビ」とほとんど同時に成長してきました。「時代」を読むにも格好のテキストです。

『プロ野球選手名鑑』

編集：ベースボール・マガジン社　販元：ベースボール・マガジン社
定価：476円　発行：毎年2月

12球団ごとの全選手の、身長体重から経歴や成績、推定年俸や寸評に至るまでが簡潔に網羅されており、最新の公式戦全日程やプロ野球記録集までついています。

ちなみに、パ・リーグの歴代優勝チームを眺めていると、1978年以前では大半が「今はなきチーム」であることがわかります。

企業には栄枯盛衰が必ずあるのであり、例えば明治7年に創刊されて十数年間の読売新聞など、平成の楽天やライブドアとは比較にならぬほど不安定な小僧っ子会社だったわけですがね。

『メジャーリーグ・完全データ選手名鑑』（広済堂出版、1600円）は、毎年3月に新版が出ています。

『TVドラマオールファイル』『テレビドラマ全史』『テレビ史ハンドブック』『テレビバラエティ大笑辞典 完璧版』

『TVドラマオールファイル』＝著者：後藤啓一／宮崎千恵子ほか 版元：アスペクト 定価：1200円 発行：1999年2月
『テレビドラマ全史』＝副題：TVガイド1953－1994 編集：東京ニュース通信社 版元：東京ニュース通信社 定価：5825円 発行：1994年5月
『テレビ史ハンドブック』＝副題：読むテレビあるいはデータで読むテレビの歴史 著者：伊予田康弘ほか 版元：自由国民社（総解説シリーズ） 定価：2800円 発行（改訂増補版）：1998年1月
『テレビバラエティ大笑辞典 完璧版』＝編著者：高田文夫／笑芸人編集部 版元：白夜書房 定価：3800円 発行：2003年12月

韓流ドラマのレファ本に触れたからには、日本のドラマに関するそれも紹介するのがスジというものでしょう。

前記した『韓流ドラマ館』と同じ作りの本としては『TVドラマオールファイル』があります。「東京ラブストーリー」から「ロングバケーション」に至るまで、90年代は〝日式ドラマ〟の最盛期だったのです。ただし、この本にはNHKのドラマは収録されていません。

また、日本におけるテレビドラマの全記録として刊行された『テレビドラマ全史　1953－1994』は、その徹底性において不朽の名著としてドラマファンのあいだでは知られており、古書市場では1万5000円前後の値がつけられているほどです。編年体のテレビ番組史としては『テレビ史ハンドブック』が、また、バラエティ番組に絞り込んだ記録集としては『テレビバラエティ大笑辞典 完璧版』が、お薦めです。

なお、インターネット上に「テレビドラマ全検索」という優れたサイトがあります。

http://www.qzc.co.jp/DRAMA/index.html
解説もしっかりしていますし、出演者やスタッフの氏名も網羅的です。のみならず、うろ覚えのタイトルや、たった一人の出演者や、その解説に含まれているであろう単語からも検索できます。

これは右記の『テレビドラマ全史』などを基に、かなり厳密に作られたヲタ（オタッキー）なサイトですが、それゆえに参照する側からするととても便利です。

『コンサイス外国地名事典』

編集：三省堂編修所　版元：三省堂　定価：4800円　発行（第3版）：1998年4月

同じシリーズに『コンサイス外国人名事典』（三省堂、5000円）があります。が、これは使用に耐えません。インターネットで調べたほうがマシです。

漢字表記の「金正日」ですら、「きんしょうにち」と引かなければなりませんし、そこにあるのは、あまりにもありふれた、たった7行の説明だけです。

それに比べて『コンサイス外国地名事典』は使えます。この値段で、2万1000項目もあるので、ニュースで新しい地名を聞いたときなどに、とても役立ちます。

人口4万人でしかない「ファルージャ」も、もちろん出ています。バグダッドとの距離は、新聞やテレビでは当初約50キロとか70キロと出ていましたが、国際地理学会の正式な測定法では、約56キロであることも明記されています。

「ディワーニーヤー」から鉄道で行くことができる「サマーワー（サマワ）」は、正確に言うと《バグダッドからバスラ鉄道沿線の交易中心地》だということも、たちどころにわかります。もちろん自衛隊が駐屯していることは未記入ですが、ニュースで初耳または何度も繰り返されるようになったころに引けば、とても有効です。

ちょっとズル知恵ですけれども、都市の人口や首都からの距離を明記したい場合、この『外国地名事典』の最新版に依拠すれば、新潮社や文藝春秋や岩波書店や講談社や筑摩書房の優秀な校閲も無事パスすることができ、お互いハッピーです。

２００４年にオリンピックが行なわれた「アテネ」について、例えば別称を知りたい人はまあ少ないでしょうが、《アセンズ Athens（英）、アテーヌ Athenes（仏）、アテン Aten（独）、雅典（日）、アテナイ Athenae（古称、ラテン語）》といったややオタッキーなことも、また《アテネ（エリニコン Ellinikon）国際空港》との距離はたった14キロである、といった役立つ情報もコンパクトに明記されています。

『世界を制した20のメディア』

副題：ブランディング・マーケティング戦略　著者：マーク・タンゲート　訳者：氷上春奈　版元：ブーマー　定価：２０００円　発行：２００５年５月

日本の新聞や週刊誌やテレビが、部数や視聴率を伸ばしあぐねています。

しかし、世界中のメディアがそうなのではありません。例えばタイムズは——
《戦略はうまくいった。93年から98年にかけて、発行部数シュアは17％から31％にまで上昇し、広告収入は3倍になった。2004年で発行部数は60万部。》(「The Times」)

同書で詳しくとりあげられた20社は、CNN、BBCワールド、MTV、タイムズ、フィナンシャル・タイムズ、ウォールストリート・ジャーナル、インターナショナル・ヘラルド・トリビューン、ニューヨーク・タイムズ、エル・パイス、ツァイト、コリエレ・デラ・セラ、リベラシオン、タイム、ナショナル・ジオグラフィック、プレイボーイ、パリマッチ、エコノミスト、ヴォーグ、ロイター、ブルームバーグ。

これら20のメディアは、一度落ち込んだ読者数や視聴者数をどのように回復し、さらに押し上げることに成功したのか。

いずれも具体的に描かれているので、とても参考になります。

其の九

文学に人生を見る

『日本ミステリー事典』『海外ミステリー事典』

『日本ミステリー事典』＝監修：権田萬治／新保博久　版元：新潮社（新潮選書）　定価：2000円　発行：2000年2月
『海外ミステリー事典』＝監修：権田萬治　版元：新潮社（新潮選書）　定価：2000円　発行：2000年2月

ちょっとばかりタクい事典かもしれませんが、ミステリー小説と「ミステリーチャンネル」ファンには必携でしょう。

例えば、テレビで「名探偵ポアロ」を見ていて、ふと、この探偵のバックボーンが知りたくなったとき、この事典を開きます。

彼が初めて登場したのは、アガサ・クリスティの『スタイルズ荘の怪事件』（1920年）で、もともとポアロはブリュッセル警察の捜査員だった、つまり彼はベルギー人なのですね。そんなことは朝飯前、たちどころにわかります。

では、明智小五郎が最初に登場したのは？

正解は、江戸川乱歩の『D坂の殺人事件』（1925年）です。そこでの明智は、今風に言えばプータロー（書生風の高等遊民）でした。のちの『怪人二十面相』での紳士然とした明智小五郎とはずいぶん違っていますが、その理由もこの事典には、《天才犯罪者と対決するには、自身も変装自在のスーパーヒーローとなるのを余儀なくされ、それにつれて外見も青年紳士に変化した》と簡潔に解説されています。

また例えば「ハードボイルド」という言葉も、《1920年に創刊されたアメリカの「ブラック・マスク」誌を母胎とし、ハメットによって確立された従来の思索型の探偵に対して、行動派探偵小説と当初は和訳されたものだ。本来は「固ゆで卵」の意だが、「非情な」という意味で用いられ、多くは私立探偵を職業とするタフな主人公が活躍する……》。

とても勉強になりますね。

『日本近代文学大事典』全6巻

編集：日本近代文学館　定価：各巻1万円　版元：講談社　発行：1977年11月～1978年3月

この全6巻は、ちょっとした例外ということで、これも至上のレファ本として推薦したいと思います。

私は本書を通じて、専門家ではないけれども何かを調べたり、ブログや企画書や報告書のような形でときどき文章を書いたりする必要のある方々に、使えるレファ本をお薦めしています。

本書では、総計150点を推薦しました。このなかから「これは」と思う、最低でも15点くらいをお手元に置いていてくだされればと願っています。

強いて言えば、買い求めやすいレファ本は簡潔すぎる、という欠点が伴いがちです。が、ある分野の専門家が、その分野の定評あるレファ本をもっていないわけはない、という前提で話を進めてきました。

ただ、ブログなどで文章を書く方々には、教養がそれなりに必要なので、できるものなら『日本近代文学大事典』の存在くらいは知っておいていただければと思います。

教養はもちろん森羅万象に及ぶわけですけれども、数学や宇宙や物理学や世界史や株や民族紛争などについて、あまり知らなくても「教養がない」というふうに評価されることはめったにありません。

しかし、茶川龍之介と書いてしまったり（正しくはもちろん芥川）、漱石の小説を1冊も挙げられなかったり、読売新聞が昭和に創刊されたと思っていたりすると、これはちょっとマズい領域に突入します。

日本語で書かれた百科事典を始めとするレファ本のなかで、実はこの『日本近代文学大事典』が、例えば「読売新聞」や「サンデー毎日」や「文藝春秋」等々について、最も詳しく解説しています。

あいうえお順の人名は第1巻から第3巻まで、第4巻は「事項」、第5巻は「新聞・雑誌」に特化されており、第6巻は索引です。

私が最も頻繁に利用するレファ本でもあり、その充実ぶりにいつも溜息が出てしまいます。初版が出たのは1977年11月で、すぐ12月に増刷されてもいるのですが、今では近代文学を専攻する大学院生ですらもっていない人が増えてしまいました。黙禱《もくとう》をささげたいと思います。

なお、同書（6分冊）は、古書店のネットワーク「日本の古本屋」で95セットほどが3万円前後で売りに出されています（2005年11月25日現在）。もし、なくなっていたら、本書を見て買われた方が多かったためでしょうから、しばらく待ってみてください。

内容からして、実に安い買い物です。

『世界の古典名著　総解説』

著者：青木達彦ほか　版元：自由国民社　定価：2000円　発行（改訂新版）：2001年8月

人生の終焉までに、どのくらいの時間が残されているのかはわかりません。それなりの教養を身につけたいと考えている人は、日々あふれいづる大量の新刊群を追いかけるよりも、むしろ「死ぬまでに読んでおくべき本」を少しだけでも読み遂げたい、と思い始めているのではないでしょうか。

この『世界の古典名著　総解説』では、世界史の教科書に登場するような文科系の古典が網羅的に紹介・解説されています。それゆえに、レファレンスとして役立つはずです。

300冊ほどのリストを眺めていましたら、8割がたを学生時代に読んでおりましたので、私もなかなかの教養人だなあ（笑）と思いました。

キルケゴール『死に至る病』、フーコー『知の考古学』、スピノザ『エチカ』、ヒューム『人性論』、オルテガ『大衆の反逆』、グラムシ『獄中ノート』、マルクーゼ『エロス的文明』、ローレンツ『動物行動学』、デカルト『方法序説』、ギボン『ローマ帝国衰亡史』、スタンダール『恋愛論』などなど。

これらを社会に出てから読み通してゆくのはけっこうしんどいことだと思います。私は、右記のなかでとりわけ『大衆の反逆』と『方法序説』だけでも読んでいただきたいと訴える者ですが、それはともかく、ときどきコラムや随筆や教科書や論文で紹介されたりするような古典名著には、全部を読まなくてもいいものがたくさんありますので、このような安易な紹介本で充分かと思います。

書名を知らないと恥ずかしい本、というのはあるわけですからね。

『要約 世界文学全集』全2巻

著者：木原武一　版元：新潮社（新潮文庫）　定価：各629円　発行：2004年1月

第1巻に要約が収められたのは、ヘミングウェイ『老人と海』、カポーティ『遠い声遠い部屋』、カミュ『ペスト』、マルタン・デュ・ガール『チボー家の人々』、サン＝テグジュペリ『人間の大地』、ヘンリー・ミラー『北回帰線』、フォークナー『八月の光』、ツヴァイク『ジョゼフ・フーシェ』、D・H・ロレンス『チャタレイ夫人の恋人』ほか全31作品。

第2巻にあるのは、ドストエフスキー『悪霊』、トルストイ『戦争と平和』、ツルゲーネフ『父と子』、フローベール『ボヴァリー夫人』、ソロー『森の生活』、シュティフター『水晶』、ホーソーン『緋文字』、ブロンテ『嵐が丘』、メリメ『カルメン』ほか全32作品です。

どんな長編でも、あるいは短編でも、同書ではすべて同じ長さ（読書時間にして平均10―15分くらい）に濃縮されております。ある意味とても大胆な試みですが、国語の教科書に収録される場合は、たいていそうですよね。

我々の世代の教科書にあった『ロビンソン・クルーソー』なども濃縮（要約）バージョンであったわけです。10代の私は『ロビンソン・クルーソー』に心底憧れておりまして、小説の舞台となった無人島にまで実際に行ってしまったほどですが、船が彼を見つけて母国に帰っていくとき、帰国できる喜びは共有できず、せっかく作った楽園からどうして離れてしまうのか、と残念に思ってしまったクチです。

ここに収められた世界の文学作品は、『チボー家の人々』を除いて、とてもいい選択肢だと思います。『ロビンソン・クルーソー』や『ドン・キホーテ』や『ゴリオ爺さん』や『老人と海』や『ジキル博士とハイド氏』や『ガリヴァー旅行記』のように、書名だけ知っているのに実際には読んでいない、というのは絶対に損です。

第1巻に紹介されているギッシング『ヘンリ・ライクロフトの私記』(邦訳は岩波文庫)を、私はつい最近になって読みました。感激のあまり「エコノミスト」誌の連載で絶讃してしまったほどです。1世紀以上も前(発表は1903年)の〝新刊〟なのですけれども——。

モーパッサンの『女の一生』は、高校2年生のとき読みましたが、さっぱりわかりませんでした。ああいうものは、もっと大人になってから読むべきだったのでしょう。『チボー家の人々』も、もしかすると今読めばそれなりに楽しめるのかもしれませんが、やっぱりあれはつまらない。退屈です。

ここに掲げられた60冊程度は死ぬまでに読んだほうが、確実に人生に潤いをもたらしてくれると思いますが、この2巻本に目を通して「これだけは!」と確信できるものを文庫で読む、というのも悪くないでしょう。レファ本としても充分な貫禄です。

蛇足ながら、鬱《うつ》になりかけているときヘッセの『車輪の下《した》』を読むのは止めたほうがいいと思います。確実に症状が悪化します。

『逆境の人々』

著者：田原久八郎　版元：郁朋社　定価：1500円　発行：2004年3月

多くの偉人たちは、逆境を克服した、あるいはもっと積極的に逆境を利用した、といってよいのかもしれません。

同書は、《三歳で母を失う……二八歳で結婚、三年後に夫が病死、気をまぎらわすために、『源氏物語』の執筆にとりかか》った紫式部、《一三歳の時、父死去……条約改正に努力中、爆弾を投ぜられ片脚を失》った早稲田大学の創立者・大隈重信、《九歳で母、一二歳で父死去》の諸葛孔明、《夫が軍艦に乗って外洋に出ている間に、母がある大学教授と通じて生まれた》メルロ＝ポンティ、《誕生の半年前、銃の暴発事故で父が死去》したソルジェニーツィンなどなど、古今東西の「逆境の人々」千数百人が淡々と紹介されてゆきます。

ひとの不幸を見て元気になる、へんなレファ本です。意外に知らないことが多く、勉強になります。

『ぴあシネマクラブ日本映画編』『ぴあシネマクラブ外国映画編』……………

『ぴあシネマクラブ日本映画編』＝版元：ぴあ　定価：3000円　発行：毎年4月
『ぴあシネマクラブ外国映画編』＝著者：版元：ぴあ　定価：4000円　発行：毎年4月

スカイパーフェクTVなら、映画でもドラマでも、その「あらすじ」や「キャスト」を別の画面上で見ることができるので、とても便利です（それを選択してから画面に出てくるまで時間がかかりすぎるけれども）。地上波やケーブルテレビでは、新聞や「週刊テレビガイド」のテレビ欄や月刊のプログラム案内などはあるものの、あまりにも大雑把なので、「これは誰だっけ」とか「途中から見たら、よくわからなかった」ということが、ありますよね。

10年後には、そういうこともなくなるはずで、したがってテレビ欄も消滅しているでしょう。画面をクリックすると、原作や、あらすじや、脇役のデータも簡単に教えてくれるはずです。

それはともかく——。

『ぴあシネマクラブ』には、日本映画編と外国映画編があり、毎年4月末に新しい版が出ます。4月30日まで待ってお買い求めになるのも、ありかもしれません。ただし、ネットの「日本の古本屋」で現在の版や前年版を買い求めても、充分にモトがとれると思います。新しい情報は、より詳しいものがネット上にあるからです。

04−05年版には、日本映画編で新規に（03−04年版より）273本を加えた約7000本、外国映画編では新規に401本を加えた1万1826本がラインナップされています。

驚くべき本数ではありませんか。

年鑑なので、毎年新たに数百本ずつ加わっていくわけです。

タイトル（原題）、製作年、国、フィルムの長さ、などの基本データに加えて、スタッフおよび出演者リスト、あらすじ、などがタイトルのアイウエオ順に並べられています。

しかも巻末の索引は、監督別、男優別、女優別、さらには原作者、脚本家、音楽、カメラマン、あるいは（洋画の場合）原題でも引けるようになっているので、縦横無尽に参照することができるのも嬉しい。

逆に言えば巻末の索引は、ひとりの原作者や男優の、全リストともなっている、という次第です。

文字どおり、同書は映画最強のデータベースなのです。

のみならず、あまりお教えしたくないのですが、同書は「ストーリーの宝庫」でもあります。ここに、古今東西のありとあらゆる「物語」のあらすじが書かれているからです。

其の一〇

理系の知を身近に

『動物の感染症』

編集：清水悠紀臣ほか　版元：近代出版　定価：1万3500円　発行（2刷）：2004年4月

狂牛病（BSE）、鳥インフルエンザ、コイヘルペスなどなど、動物感染症についてのニュースは、これからも目が離せません。

「総論」部では、感染症の歴史や、感染のメカニズム、診断技術、および対策についても詳細かつ的確に書かれ、「各論」部では数百種にのぼる感染症が解説されています。

同書の参照なくして、人畜共通感染症についても語りえません。

『理科年表』

編集：国立天文台　版元：丸善　定価：新書版1400円、机上版2600円　発行：毎年11月

俗に「鶴は千年、亀は万年」などと申しますが、脊髄動物の「記録された最長寿命」によれば、アオウミガメが33年、鳥類ではコンドルの66年、全体ではチョウザメの152年

などとなっています。

——というようなことも、たちどころに分かるのが『理科年表』です。

宇宙から生殖まで、およそ自然に関するあらゆるデータと定義が最もコンパクトに収録されています。

これを持っていない教養人は、かなり偏った文科系です。

いくら文科系だと言っても、気象災害や地震が起きたときに、それがどの程度「異常」または「まれ」なのか、に無関心というわけにもいかないでしょう。

毎年買う必要はありません。せめて5年に1度だけ買い換えればいいと思います。近年の『理科年表』はとりわけ、細胞、遺伝、免疫に関する分野が研究の進展に伴って充実してまいりました。

字がかなり細かいので、机上版も出ています。

CD-ROM版（2万6000円）もありますが、これは不要です。

なお、汚染など環境データを網羅した『理科年表 環境編』（丸善、1600円）が最近登場しました。天文について詳しく知りたい方は『天文年鑑』（誠文堂新光社、900円）が定番です。

『南極・北極大百科図鑑』

編集：デイヴィッド・マクゴニガル／リン・ウッドワース　翻訳：小野延雄／内藤靖彦ほか　版元：東洋書林　定価：3万5000円　発行：2005年2月

私の大好きなレファ本の一つです。けれども、その重さと値段の高さとテーマの専門性ゆえ、多くの人に薦めるわけにはいきません。

このようなレファ本がある、ということだけ知っておいてください。

北極は私でも行ったことがありますが、南極を訪れるには相当の決意が必要です。許可がおりたとしても、越冬隊では1年4カ月もの滞在を覚悟しなければなりません。完全に隔絶された生活です。自由、勝手、気ままは、きっと死を意味するでしょう。取材対象という意味では、最高に興味深い。少なくとも私にとっては、人生究極の取材地にしたいと以前から夢見ていた場所です。

もちろん南極を取材した日本人はいます。が、例えばイラクや北朝鮮を取材した人がたくさんいても、私の知りたいことは誰も伝えてはくれませんでした。当面考えられることとして、仲間を募って飛行機を借り切り「南極探検隊」を結成して、または南米から出ているパッケージツアーのチケットを買って、南極に3週間ほど滞在してきたいと思っています。

まあそんなことはともかく、極地研究のおもしろさは、例えばジュラ紀の空気が地下氷河のなかに現存しているといったように、物質的に閉じ込められた歴史が実地に検証可能であるだけでなく、自然科学の謎を解く鍵の宝庫であるという点にもあります。それ以上に私は個人的に、南極で研究生活を送る人々そのものに強い関心があります。

最先端の研究を志向しながら、現地でやっていることと言えば、一晩の映画のためだけに即席の氷製会場をつくったり、デイリーの新聞をつくったり、密かに意地悪をしたり、貴重な生野菜をめぐって喧嘩したり、数少ない女性隊員をとんでもなく過剰に意識したり、同僚の誕生会の準備を2週間もかけてやったり、まるで保育園児のようなメンタリティをもってしまう二面性にも興味が尽きません。

そもそも、1年4カ月も家族と離れて過ごすことを決意し実行するまでに、いったいどのような葛藤や説得があったのかも、ぜひ知りたい。

同書は、南極と北極についての環境、探検史、生活、地理、動物、法、観光、情報源などについて詳述されているだけでなく、写真集としてこれ以上のものは見当たりません。

何事も「極端」であればあるほど取材や考察の対象として意義深いものになってゆくわ

けですが、南極と北極ももちろん例外ではない、ということをよく教えてくれる至福のレファ本です。

なかなか訪問しがたい場所であるだけに、いっそうレファ本が役立ちます。

『発がん物質事典』

著者：泉邦彦　版元：合同出版　定価：1942円　発行：1992年2月

この分野のレファ本としては最も安価で、かつ概観しやすい事典です。

序章的な「がんとは何か」「化学発がんのしくみ」「発がん物質のリスク評価」に続き、各論として「食品添加物」「農薬」「プラスチック成分」「一般化学薬品」「環境汚染物質」「天然物質」「医薬品」「産業化学物質」に分かれており、レファレンスには大変便利です。

2005年に再び話題となった「アスベスト」についても、もちろん詳しく触れられています。1987年にはその発がん性も明確になっており、そのことを環境庁（現在の環境省）は充分に認識していたのですから、なぜそれを今まで放置していたのか、という役人的体質こそが問われなければなりません。

『治療薬マニュアル』

監修：高久史麿／矢崎義雄　編集：関顕／北原光夫／上野文昭／越前宏俊　版元：医学書院　定価：5000円　発行：毎年1月

同書で、例えば抗癌《がん》剤の「副作用」を読んでいると、具合が悪くなってきます。こんなもの本当に服用していいのか？

抗癌剤に限らず、およそ医薬品は、「効く」だけあって副作用は、けっこう怖いです。

真夏日に、さっと涼むためには、最高のホラー本であります。

『現代医療のスペクトル』

副題：フォーラム医事法学（1）　著者：宇都木伸／塚本泰司　版元：尚学社　定価：3500円　発行：2001年5月

タイトルは、いかにも小難しそうな専門書然としていますが、現代日本の医療問題について、実に的確にまとめられた好著です。

サラリーマンの医療費負担増に、なぜ医師会が反対しているかと言えば、儲からなくなる、という理由です（「来院者が減ることによる病院経営とサービスの悪化」と言っていますが同じことです）。私のような自営の国保加入者は、毎月6万円前後も払い続けているわけですが、にもかかわらず医療費はずっと前から「3割負担」です。

個人の負担が重くなるからという理由だけで制度改革を潰してしまうと、あらゆる改革は前に進みません。ですから問題は、その改革に、負担増を強いられる人々を説得するだけの正当性があるかどうか、ということになります。あたりまえのことですよね。旧態依然の医療制度にあって、「特区」を設けようとの試行がすでに始まっています。どう考えたらいいのでしょうか。

可能なら、性と生と病と老と死にかかわる医療と法の諸問題をそれなりに把握したうえで、日本の医療制度にも問題意識を持つ人が増えたらいいのにと願い、同書を薦めます。この本を推す第1の理由は、執筆者が集団でよく議論を重ねて、分担執筆されていることです。第2に、それだけに独善的にならず、つまり予想される反論を踏まえて書かれているため、一般読者にも説得的だからです。第3に、注釈がおもしろい。

例えば「第1章 医療施設に関する制度」の冒頭は「I わが国における医療制度の略史」という、これまた恐ろしいほど味気のない章・節タイトルではありますが、本文はよくこなれています。

《明治維新以前においては、医師のほとんどは漢方医であって治療はもっぱら患家における薬の投与が中心であったから、入院加療という考え方はなかった》というのが同書最初の記述ですが、私はこのような潔《いさぎよ》い筆致に好感を覚えます。要するに、なるほど、と思うわけです。

この文中にある「漢方医」には注釈番号（1）がつけられており、その注釈を見ると、以下のように書かれています。

《(1) もっとも漢方という単語は、明治維新以降、それまで「蘭学」といわれていた西洋医学が主流になっていった中で、それまでの伝統的な医学を西洋医学から区別するために後付けで与えられた名称である。》

一般的に考えられているものより、この手（集団で議論されて書かれた本）の注釈は（本文には入れられなかったけれど、分担執筆者がどうしても触れておきたかったものだけに）示唆に富む記述が多く、なるほど、の連打です。

生殖補助医療、中絶、安楽死、緊急医、精神病治療、感染症、脳死と臓器移植、末期医療など、実に多彩なテーマが各分野の専門家によって、しかも充分な論議に基づいて手際よくまとめられています。

このようなタイトルと編集では、売れなくて良いと思って作っているとしか思えないのですが、本文は奇跡的に含蓄ある良書だと断言しておきたいと思います。

『廃棄物ハンドブック』

編集：廃棄物学会　版元：オーム社　定価：2万3000円（コンパクト版）9500円　発行：1997年11月

ある程度、環境問題に関心のある方は、ぜひ手元に置いておくべき本です。「ごみ」の収集、輸送、処理、再資源化などなど、現状がどうなっているのかを知っておく必要があるだけでなく、ごみ問題は「技術」抜きには語りえません。机上の空論をいくらぶちあげても、あまり意味がないのです（ときどき机上から正論が生まれることもありますが）。

廃棄物学会には行政との癒着など問題が多々ありますけれども、そういうこととは別に、環境問題を考える機会のある人は、必ず買っておきましょう。

ちょっと高いと思われた方には申し訳ないのですが、『ごみの百科事典』（丸善、1万8000円）もお薦めしたい。こんな本が学校の（図書館ではなく）教室にあったら俺の人生も変わっていただろうなあ、と思える1冊です。

『食品添加物公定書解説書』

監修：鈴木郁生／野島庄七／谷村顕雄　版元：広川書店　定価：6万5000円　発行（第7版）：1999年6月

値段にビビらないでください。

これも、非常に優れた本です。

食品添加物に関する解説書として、右に出る本はほかにありません。基本的なデータ（含量、性状、純度試験など）のほか、来歴、製法、用途、毒性（急性毒性、慢性毒性、発がん性、変異原性）について、詳細と正確さを極めています。

かつて「買ってはいけない」論争のとき、「週刊金曜日」に集う科学評論家たちが、この『食品添加物公定書解説書』から恣意的にデータを使って歪曲していたのですが、私はまさにこの書物によって、その捏造《ねつぞう》ぶりを暴露した経緯があります。

逆に言えば、食品添加物が商品に表示されていても、これくらいのレファ本を座右に置くのでなければ、ほとんど意味がない、ということになります。科学的知識のある評論家やジャーナリストは、この大きな溝を埋める役割を果たしていかなければなりません。

其の二

見るだけでわかる

『犬の写真図鑑』『猫の写真図鑑』『鳥の写真図鑑』…………

『犬の写真図鑑』＝副題：オールカラー世界の犬300　著者：デビッド・オルダートン　版元：日本ヴォーグ社　定価：2621円　発行：1995年1月
『猫の写真図鑑』＝副題：オールカラー世界の猫350　著者：デビッド・オルダートン　版元：日本ヴォーグ社　定価：2427円　発行：1993年12月
『鳥の写真図鑑』＝副題：オールカラー世界の鳥800　著者：コリン・ハリソン　版元：日本ヴォーグ社　定価：3204円　発行：1995年5月

日本で最も身近で、なおかつ種類も豊富な動物は、何と言っても犬と猫。でも、チワワとチンとスピッツと柴犬くらいしか判別がつかない、という方も多いでしょう。

私も、フィニッシュ・ラップとラピンポロコイラの区別がつきませんし、チベタン・テリアとラサ・アプソを見分けたいとも思いません。

まあそう言ってしまえばお仕舞いですが、この図鑑シリーズは本当によくできています。巻頭には動物学的な解説、品種や毛色、種類の見分け方、出産、飼い方、性質についても簡潔に書かれており、犬は300種、猫は350種、鳥は800種もオールカラーで載っています。

東京ではカラスかスズメくらいしか見かけませんが、信州の私の家の周りには、ヒバリ、ウグイス、ツバメ、サギ、などがたくさんいますし、夕方になるとコウモリ（鳥ではないけれど）が格好よく飛び交っています。

お子さんのいる家庭では、これらの図鑑は必備でしょう。

補足として、千石正一『爬虫両生類飼育図鑑』（マリン企画、2718円）と、海野和男『昆虫の擬態』（平凡社、1300円）もお薦めします。とくに『昆虫の擬態』は、何度見ても笑えます。感動します。

『植物　学研の図鑑』

著者：池田健蔵／山田卓三　版元：学習研究社　定価：1460円　発行（新訂版）：1994年11月

野山を歩いていても、都会の雑踏を歩いていて小さな花を見つけたときにも、その名前を知らないと、みんな「雑草」になってしまいます。

私は、野山をめぐって草木の名前が総てわかったらどんなにいいだろう、と思いながら、なかなか覚えられずにいます。

植物に強い人には、もっといい図鑑があると思います。これは小中学生を対象にした図鑑ではあるのですが、たいていの大人はこれで充分すぎるくらいでしょう。だまされたと思って買ってみてください。

植物図鑑としての同書の特徴は、しっかりした厚手の本としては非常に安く、なおかつ初歩の初歩からわかりやすく解説してあり、しかもアイウエオ順とか植物学的な分類ではなく、春夏秋冬ごとの「畑の花」とか「花壇の花」とか「野山の花」や「木の花」や「高原の花」などと章が分かれており、ほかにも「水辺の植物」や「秋に色づく木の葉」や「木の実」「きのこ」「たねと実」「寄生植物」といった章もあり、素人にはとても便利です。

こういう図鑑は、子どもより、大人にとってのほうが有益なような気がします。名前は知らなくても、「ああ、見たことがある」という体験知は子どもより圧倒的にすぐれているのですから。

『新編　中学校社会科地図』

編集：帝国書院編集部　版元：帝国書院　定価：1400円　発行（最新版）：2004年10月

世界と日本各地の地図が網羅され、気象情報、特産品、鉱石資源のシェア、農業生産などが、コンパクトにまとめられています。

教科書は、大人にとってのほうが使い手がある、と実感される1冊。

巻末の統計資料や索引も、この値段では最上級です。

世界地図と「なるほど情報」を合体させた『なるほど世界知図帳』（昭文社、1600円）は、雑学好きや〝おもしろ地図〟ファンにはうってつけでしょう。

『新・天気予報の手引』

編集：クライム気象図書編集部　著者：安斎政雄　版元：クライム　定価：1515円　発行（新改訂版）：2005年5月

気象というのは、ニュース番組や新聞には不可欠な情報です。

過日、小豆島《しょうどしま》に行っていたら台風に直撃され、翌朝が生番組に出演しなければならなかったため宿でNHKの中継を見ていた、というようなことがあるくらいで、あとは私もほとんど気にしません。

台風情報は、NHKがいちばんハッスルしますね、いつも。公共放送の役割ということもあるにはあるわけですが、とにかくNHKは大好きみたい、台風が。

さて、それでも気象についてはある程度の教養はあったほうがいいので、この分野で最良の1冊を選べば、同書を指名せざるをえないでしょう。

九州地方を襲う竜巻は局地的な大気現象なわけですが、竜巻は南半球では時計回り、北半球では反時計回りになります。その逆もあることはありますが、規模は小さくなりますよね。低気圧と同様なわけです。

それをある程度理解するためには、低気圧について知らなければならず、低気圧を理解するためには気圧について知らなければならず、気圧については大気を知らなければなりません。

が、逆に言うと「大気」と「気圧」だけきっちり押さえれば、あとは付随的に理解できることがたくさんあるのです。

同書は、気象予報士でも何百回も読むはずの基本書でもありますが、素人の座右のレファ本にも最適です。どうしてもこれが難しいという方は、『天気100のひみつ』（学研まんがひみつシリーズ、800円）を読みましょう。とても、よくできています。

『完璧版　宝石の写真図鑑』

副題：オールカラー世界の宝石130　著者：キャリー・ホール　版元：日本ヴォーグ社　定価：1845円　発行：1996年3月

宝石については、これ1冊あればたいていのことは間に合います。

総論として、まず「宝石の定義」「宝石のでき方」「宝石の産地」「物理的性質」「結晶の形」「光学的性質」「合成宝石」などといった解説が冒頭にあり、その後は各論です。

130種の宝石について、それぞれ幾葉ものカラー写真つきで解説が付されているだけでなく、「色別索引」まであって、たとえ宝石の名称がわからなくても「色」から探し当てることもできます。

宝石のことはさっぱりわからん、という貴方も、わからないからこそレファレンスが必要なのです。

宝石を身近に感じている方々も、その知識を概括的に整理しつつダイナミックに広げてゆくためにこそレファレンスがあるのです。

より詳しくは、岡本憲将監修『プロが本音で語る宝石の常識』(双葉社、１８００円)もお薦めします。

其の一二

法治国家ゆえに

『似たもの法律用語のちがい』

編集：法曹会　版元：法曹会（法曹新書）　定価：1238円　発行（3訂補訂第2）：2003年6月

法曹関係者以外では、ライターでもない限り六法は持っていなくてもいいと思います。ネット上に例えば、http://www.ron.gr.jp/law/ というような優れたデータベースがありますから、それで充分でしょう。法学部出身者でないと、なかなか六法は引きにくいですからね。

それでも、一般の記事を読んだり聞いたり、それをもとに他人に話したりするとき、まあ雑談では構いませんが、ウェブ上で日記を書いたりしている方や、正式な文章を起案しなければならないようなとき、よく間違いがちなのが法律用語です。

企業や組織はすべて法に基づいて運営されているので、普段思っている以上に法律用語は、ある程度馴染んでおいたほうがトクをします。公務員はとりわけそうですね。「任命」と「任用」、「受領」と「受理」と「受附」、「公示」と「公告」と「公表」と「公布」、「管轄」と「所轄」、「捜査」と「捜索」、「不法」と「違法」と「不適法」など、本当は厳格に区別しなければなりません。

宮台真司さん（社会学者）のようにこのジャンルでも発言をときどきなさる方でさえ、《刑法39条によって刑を軽減される》とか《減刑される》という書き方をしてしまいます。

減刑は恩赦の概念ですから、心神耗弱で刑が減刑される、という言い方は間違いです。正確には、刑を減軽される、と書かなければなりません。

ただし、刑が軽減される、という言い方は、たいてい減軽という法律用語の「言いまつがい」だろうとは思いますが、軽減は一般用語なので、使用法が間違っているとまでは言えません。つまり、これくらいならセーフです。

専門用語に縛られることはもちろんないのですけれども、せっかくまともなことを書いても、わざわざ専門家に「ふん、こんなことも知らんのか」と思わせることもありません。優れた校閲者ならば必ず指摘してくれるとは思いますが、たいていの出版社ではそこまではやってくれないと思います。ましてや、ウェブや社内で起案する文章では誰も指摘してくれないでしょうから、この本をときどきひもといて気をつけましょう。

同書は、使えるわりには値段も安いです。

『刑事事実認定（上・下）』

副題：裁判例の総合的研究　編著：小林充／香城敏麿　版元：判例タイムズ社　定価：各5534円　発行：1992年9月

上下巻で1万円を超えてしまいます。しかし、ニュースの過半は刑事事件なのです。したがって、リーガル・リテラシー（法学的理解力）こそ、「ニュースに強くなる」王道であると言えるでしょう。

およそニュースは、有名人ネタ（ブッシュがどうした、金正日がどう言った、森昌子がどうなって、日本代表がギリシャに勝った）と、庶民ネタ（殺人事件、列車事故、ほのぼの系）と、流行ネタとから成っています。これらをあわせて時事ネタと呼んでいるわけですが、同じ日に起きたというだけで一緒に束ねてしまうのが新聞やテレビの仕事であり、ある特定の問題だけを取り上げて論じるのが評論やノンフィクションの仕事です。

さて、同書の優秀さは、何よりもまず「使える」という点でしょう。以前から、この2冊の本は司法修習生のテキストになっています。

司法試験をクリアした人々の教科書が、なぜ一般人の役に立つのか？

その問いは、おかしいと思います。

第一線実務家の教科書になっているものだからこそ、一般人にも役立つのです。

同書の、例えば下巻の第八章「実行行為等」には、「強姦の成否」「贈収賄罪における賄賂性」「暴行・傷害の有無」「恐喝の成否」「詐欺犯における欺罔《ぎもう》行為」「薬物事犯における事実」「速度違反」「常習犯罪における常習性」となっています。

上巻の第1章「故意」、第2章「過失」、第4章「正当防衛」などなど、事件や刑事裁判に関心ある者には文字どおり必読の文献であり、ネット時代といえども活字本に頼らざるをえない証のようなレファ本の筆頭です。

いかにも教科書風ではあるものの、その内容はハッキリ言ってすごいです。本当に使えます。

刑事事件で争点となるところを端的に示しつつ、判例ではどうなっているかが、網羅的に解説されているからです。

ほんの数年前まで、このような形で示された判例（裁判所の判決事例または先例）を詳細に参照するためには、「判例時報」だの「判例タイムズ」だの「高検速報」だの「下級裁判所刑事裁判例集」だのを常設しておくしかありませんでしたが（裁判所、検察庁、弁護士事務所のように）、これらが完全にデータベース化かつオンライン化された現在、ごく一般的な市民やライターでも、あっという間にアクセスすることができるようになりました。

私も毎月1万円程度の会費を払い続けて（TKC法律情報データベース）、列車事故の損害賠償やら、敵対的買収の係争事例やらを、いつでも、たったかたったったぁと即座に検証することができるわけです。

ただし、いくらデータベースがあっても、基本的な概念がわかっていないと、使いこなすことなどできません。そのためのレファ本として、同書にまさるものはほかにないと思います。

事件取材にあたる記者は、『大コンメンタール刑法』（全13巻＋別巻1、青林書院）や『新・判例コンメンタール刑法』（全6巻＋別巻1、三省堂）くらいは座右に置いて頻繁に参照すべきですが、そのようなことを義務化している新聞社やテレビ局は実際にはないため、おかげさまで！　と感謝する日々でございます。

『死刑の理由』

編著：井上薫　版元：新潮社（新潮文庫）　定価：857円　発行：2003年9月（親本：作品社　発行：1999年11月）

1983年の永山則夫第1次上告審判決を始め、最高裁で死刑が確定した43件の犯罪事実の概要と極刑の根拠を現職裁判官がまとめた、文字通り日本における「死刑の理由」集です。

どれだけのことをしたら日本では死刑になるのか、その事実と判例がきっちり収録されています。

死刑廃止論者も必備してください。類書は、ありません。

『犯罪白書』

編著：法務省法務総合研究所　版元：国立印刷局　定価：2858円
発行：毎年11月〜12月頃（白書は閣議で了解を得なければならないため政局が混乱すると発行も遅れる）

『犯罪白書』は毎年11月末ころに閣議で了承されるので、それを待って年末に最新版が店頭に並ぶ、という手はずになっています。

最近は、性犯罪者の再犯がトピックスの一つになっています。それについて知りたいときには、第3章「犯罪歴のある者の犯罪」を開きます。そうすると、刑法犯全体につき、どの年齢層でも再犯率はおおむね高まっている（＝前科者が娑婆で生きにくくなっていることになります）けれども、成人による強姦や強制猥褻《わいせつ》は、殺人や放火や強盗や恐喝や詐欺など他のほとんどの犯罪と比べて再犯率が低い、ということもすぐにわかります。

少年犯罪の凶悪化というような言い方もよくマスメディアでは安易になされるわけですが、集団化の傾向はあるものの、殺人や強姦、暴行も脅迫も、戦後一貫して減少傾向にあることも明らかです。

考えてみれば、新聞やニュース番組の6割、ワイドショーでも4割は「事件ネタ」で占められています。

『犯罪白書』は、あらゆる犯罪のデータ集＋解説集ですから、使いこなせれば、かなり役に立つこと請け合いです。問題は「使いこなせる」かどうかなのですが、まあ何とかなるでしょう。もし全ページを2日で通読できたら、もうその日から専門家とほとんど同程度になれると思います。

ネット上でも、『犯罪白書』は読めることは読めるのですが、税金で運営しているくせにサイトにあるのは「あらまし」でしかなく、これではぺらぺらのパンフレット並みです。しかも2年前の分しかアップされていない、という為体《ていたらく》です。

『ペット六法』

編集：ペット六法編集委員会　版元：誠文堂新光社　定価：５７００円
発行：２００２年９月

先日、たまたま寝転がって『現代刑法講座』（成文堂）を読んでいましたら、第２巻にこんな事例が載っていました。

同書の中で「法定的符合説」と「具体的符合説」と「抽象的符合説」の対立について長々と述べているのですが、そういうオタクな議論はさておき――。

《Ａの飼犬を傷害しようと発砲したところ、弾がそれて側にいたＡにあたってしまった。》

これなら、重過失致傷罪（５年以下の懲役など）が成立する可能性が高いわけですが、それにしても、犯人はＡの飼犬を憎いわけではなく、Ａを憎んでその恨みを晴らすためにＡの愛犬に〝殺意〟を抱いたのだとすると、前記の事例を「過失」と考えるのはおかしい、と私なら思うけれど、法律界の勉強家たちはそう思わないらしいです。

まあ、これは本題ではないので措いておきましょう。

《Ａを殺そうとして発砲したところ、弾がそれて側にいたＡの飼犬にあたり死なせてしまった。》

これは、どうでしょうか。飼犬殺害について同書（『現代刑法講座第2巻』）には、器物損壊の未遂や過失は日本の刑法では不可罰だ、などと書かれているだけです（法定的符号説では器物傷害罪を認めていますがオタッキーなので省略します）。

例えば強姦罪と同じく、器物損壊罪も被害者の告訴がなければ裁判にかけられることはない親告罪の一つなのですが、前述した例の場合、殺人未遂は微妙（加害者は殺意を否定するでしょうから）であるうえ、愛犬殺しは器物損壊（傷害）罪にすぎず、A本人に対する殺意を認めたとしてもそれは未遂で、弾がそれて犬にあたって殺してしまったことに関しては、ただの過失になってしまい、告訴があったとしてもそれは無罪になりかねないわけです。

要するに、憎しみの発露として相手のペットを殺しても、器物損壊罪にしかならない、それが過失だったら何の罪にもならない、というのはおかしいのではないか、という問題を指摘しておきたかったわけです。

で、いよいよ同書の登場です。さまざまなデータベースで検索してみても、世界中で『ペット六法』という書物は他に例を見ません。

日本では憲法29条1項で《財産権は、これを侵してはならない》と定められており、前述したとおり、刑法上では器物損壊（傷害）罪のみによって罰せられるにすぎません。もっとも、あまり知られていないことですが、民法にはこんな条文もいまだ健在です（現代表記に改めておきます）。

《旅店宿泊の先取特権は旅客、その従者および牛馬の宿泊料金ならびに飲食料につきその旅店に存する手荷物の上に存在す》（民法３１７条）

日本ではペットを「器物」として扱っている、というか、「物」概念の中にペットを押し込めた、という次第なのですが、例えばドイツ民法90条は《動物は、物ではない》と明確に宣言し、２００２年には憲法（基本法）20条で動物保護を明記するに至っています。

日本では憲法にも刑法にも、そのような規定はゼロです。

しかしとりあえず日本でもその欠を埋めるべく、第１４６国会において99年12月22日に公布、翌年12月1日から新・動物愛護法（動物の愛護及び管理に関する法律）が施行されました。

ご存知でしたか？　例えば同法27条には、こうあります。

《1　愛護動物をみだりに殺し、又は傷つけた者は、一年以上の懲役又は百万円以下の罰金に処する。

2　愛護動物に対し、みだりに給餌又は給水をやめることにより衰弱させる等の虐待を行った者は、三十万円以下の罰金に処する。

3　愛護動物を遺棄した者は、三十万円以下の罰金に処する。
4　前三項において「愛護動物」とは、次の各号に掲げる動物をいう。
一、牛、馬、豚、めん羊、やぎ、犬、ねこ、いえうさぎ、鶏、いえばと及びあひる
二、前号に掲げるものを除くほか、人が占有している動物で、哺乳類、鳥類又は爬虫類に属するもの》

熱帯魚なら殺《や》っちゃってもいいわけだ（笑）。いや、ここは笑うところではありませんが、「魚」も含めてしまうと、釣り人が逮捕されかねませんからね。

都道府県の条例ともなれば、これまたいろいろな規制があり、それらが網羅的に同書には収録されています。愛犬が他人を咬んだら知事への報告義務を課している自治体もあります（宮城県など）。

総じて犬に対して条例は非常に厳しく、猫に対してはゆるゆるです。うちの犬はいたずらをしませんが、仔猫はいたずらばかりしているのに。ファクスが出てくると、まるでそれが自分の使命であるかのように飛びついて食うのです。

条例が規制しているのは、そういう問題ではありません。

さて、同書は「法令篇」と「用語解説・資料篇」に分かれています（箱は一つです）。「法令篇」のほうは、さすがに小難しいわけですが、「用語解説・資料篇」はとても便利で

す。イギリスやフランスなど各国の、驚くほど事細かな規定も全文翻訳されて掲載されているだけでなく、日本での「ペットに関する判例概観」では、例えばマンションでのトラブルをめぐってなど、なかなか実践的です。

データも豊富で、ペットに関する世論調査も網羅的に紹介されています。

値段はちと高いですが、ペット好きにはなかなか「使える」1冊です。なお、世界初の『ペット六法』を刊行した誠文堂新光社は、月刊誌「愛犬の友」の版元で、02年には同誌創刊50周年を迎えています。

『学校事件』

副題：そのアカウンタビリティ　著者：下村哲夫　版元：ぎょうせい
定価：2667円　発行：2001年5月

最近でこそ、学校を舞台にした事件や事故が世間を大きく賑わすようになりましたが、しかし、殺傷事件など刑法犯にとどまらず、部活や修学旅行や暴力事件や体育や教材やいじめなどをめぐって、教師や行政の管理責任が問われるケースは、実は過去にもたくさんありました。

教師と生徒の恋愛、性的犯罪などについても、一筋縄ではいきません。校則や体罰や不登校児をめぐっても、さまざまな試行錯誤を繰り返してきました。日の丸、ナイフ、所持品検査など、平成以降に生じた諸問題についても、すでに判例や対応策も、不充分ながら「結果」がかなり出てきています。

同書は、学校で起きた事故と事件とその危機管理について、それぞれの概要、経緯、教訓、判例を、ていねいに網羅したものです。

学校関係者はもとより、子どもを学校に通わせている親たちと、もっと広く「責任の所在」に関心のある方にも、必備のレファ本です。

『文部科学統計要覧』

編著：文部科学省生涯学習政策局調査企画課　版元：国立印刷局　定価：500円　発行：毎年1月

文部科学省の管轄下にある小学校から大学や研究機関の、学校数、生徒数、教員数などが、経年変化で明瞭に示されています。

例えば日本の「小学校」の内訳は、国立（独立行政法人）73校、公立2万4051校、私立171校という実態を知れば、国立と私立を合わせても1%にしかならないという極端な偏りに改めて驚かれる方も少なくないでしょうし、「お受験」の対象校ともなれば全体の0・1%でしかない、という莫迦らしさにも気づかざるをえないでしょう。

1学級あたりの児童数は、国立37・0人、公立27・4人、私立34・8人です。公立学校における学力低下の原因を、労働組合が自分たち教員の責任を棚にあげて「教育条件の不備」に求め、「30人学級」を実現すれば学力低下や荒れる子どもたちの問題は解消されると主張しておりますが、そういう問題ではないでしょう。

宗教は文化庁の管轄であるため、同書にもその統計が紹介されています。日本には22万7100の教団があり、各教団の申告を合計すると何と2億1264万7075人もの信者が日本にはいるそうです。

「教団メンバー」が全人口の1・5倍もいるとは驚きですね。

其の一三

政治を引き寄せる

『国会入門』

副題：あるべき議会政治を求めて　編著：浅野一郎　版元：信山社出版
定価：2800円　発行：2003年10月

政治が熱い時期に買って読めば、とても勉強になると思います。

郵政民営化法案は、閣議決定 ↓ 自民党部会での承認 ↓ 衆院の特別委員会通過 ↓ 衆院での採決 ↓ 参院で否決 ↓ 衆院解散、という流れでした。もちろん、参院を解散する権利は首相にも誰にもありません。

同書は、国会に関するレファ本です。

例えば「党議拘束」についての説明だけでなく、「党議拘束についての見直し」に関してもきちんと解説を加えています。

2005年秋に大きな争点になった「参議院の存在価値」にも、充分なページを割いています。

そもそも、自民党の事前承認は、政府や国会にとっていかなる意味をもっているのでしょうか。意外に知られていないので、ぜひ読んでみてください。

2003年10月に出版された本ですが、郵政関連法案に関する異例の事態についても、しっかり言及されています。2005年9月に大漁、もとい、大量に当選してしまった新人議員たちも、ここに書かれてあることをほとんど知らないまま初登院したのは日本人として悲しむべきか。

『大失言』

副題：戦後の失言・暴言・放言〈厳選77〉　著者：失言王認定委員会
版元：情報センター出版局　定価：1400円　発行：2000年7月

有名な問題発言としては、「黒人は破産してもアッケラカンのカー」（渡辺美智雄）や、「佐藤さん、あなたは財界の男メカケ」（青島幸男）、「日韓併合には韓国にも責任がある」（藤尾正行）、「ミヤザワケンジ君は殺人者だ」（浜田幸一）などがあります。もちろん、「ミヤザワ」と言ってしまったのは「ミヤモト」の誤りでしょう。

忘れていたものとしては、こんな発言もありました。

「ヒロポン（覚醒剤）は試験前によく飲んだ」（世耕政隆）。「新聞でボツになった原稿が赤旗に載る」（石原慎太郎）。「大阪はたんつぼ」（森喜朗）。「どの女と寝ようが」（小沢一郎）。「堺屋長官はばかだ」（中川昭一）。「自分は侠客《きようかく》の代表として国会に出てきている」

（小西寅松）。

戦後日本の失言、暴言、放言を収集し、それらが生まれた背景を説明しつつ、その後どのように収束したかを詳しく解説してくれるヘンな1冊です。

『選挙・政治資金制度』

著者：安田充／高田寛文　版元：ぎょうせい　定価：2800円　発行：1999年3月

同書は、「地方自治総合講座」の第6巻として出版されたもので、選挙制度と政治資金について最もよく解説されたレファ本です。

衆議院議員選挙については、1994年の大改正により、小選挙区＋比例代表の併用とされたため、それ以前のレファ本は総選挙については使い物になりません。同書は、もちろんこの点もきっちりフォローしています。

立候補から開票まで、どのような仕組みとルールによって行なわれるか。何が合法で、どこからが違法なのか。資金はどうやって集め、いくらまでなら大丈夫なのか。

選挙時には開票速報をより愉しみ、そしてまた、キャスターもよく理解できていないいために触れないでやりすごす諸々の重要点（例えば「地方の代表者」という言い方を平気でしますが、地方議員と違って、国会議員や首長は選挙区に住民票がある必要はなく、むしろ選挙区外から優秀な人材が立候補できるように配慮されているのが公職選挙法の趣旨だ、というようなこと）を知るうえでも、格好のテキストとなります。

近い将来、ご本人か周囲の友人が立候補する可能性のある方は、選挙制度研究会編『実務と研修のための　わかりやすい公職選挙法』（ぎょうせい、１６００円）は必携です。

『国会便覧』

編集：日本政経新聞社　販元：日本政経新聞社　定価：２６００円　発行：原則として毎年2月と8月

選挙の季節がやってきても、与党も野党もヘタレなので、いま一つ二つ楽しめません。しかし、楽しめない理由は、こちら側にもある可能性があります。

そこでお薦めしたいのが『国会便覧』最新版です。初版発行から半世紀。２００５年10月臨時版で第１１７版を数えます。

同書『国会便覧』には、あいうえお順で全国会議員のデータ（経歴、派閥、所属委員会など）が収録されており、選挙区ごとのデータも豊富です。「自由民主党派閥表」も、他に類書がなく便利であります。官庁人事も載っています。また、前回総選挙（平成17年9月11日）の候補者ごとの当落と得票数も網羅されているため、来るべき歴史的総選挙を前に、座右の1冊としてお薦めする次第です。

よく政界では、私（1958年生まれ）と同世代の政治家が「若手」などと呼ばれて、ご本人たちも嬉しそうにしております。あほっぽいですね。

最もいい仕事ができるのが一般的に言って40代から50代前半であることに鑑《かんが》みれば、まさに40代を「若手」呼ばわりする日本の政治状況が異常であることは、例えば同書の「衆議院議員生まれ年表」を見ると、よくわかります。

私より若い議員は、本当に数えるほどしかいないのです、実際。とは言えもちろん、自民党の〝26歳君〟についてはコメントする気も失せてしまいます。我々の何かの反映ではあるのでしょうが。

ともあれ、日本の国政選挙と政治家のあり方を多少なりとも考えるうえで、近くに備えておきたい1冊です。

『日本の世論』

編著：読売新聞社世論調査部　版元：弘文堂　定価：3800円　発行：2002年5月

世論に従うことも迎合する必要もありませんが、世論の傾向については正確に把握しておいたほうがいいと思います。

同書は網羅的であり、しかも最新のデータに加えて経年変化も追えますので、非常に便利です。

冒頭の「世界の中の日本」という章に挙げられた節は――

米同時テロの衝撃、テロ根絶への後方支援法、自衛隊に派遣命令、集団的自衛権をめぐる論争、サンフランシスコ体制50年、近隣諸国との摩擦、日本外交の機能不全、といった具合です。

また例えば「少子高齢化時代の意見」という章に掲げられている節は――

何歳から「老人」か、年金制度への不信感、医療に対する不満、子供を生み育てる意味、生命倫理とクローン、などが世論調査結果に基づいて簡潔に（ただし読売新聞的に）解説されていきます。

後半は、30の大項目（例えば「スポーツ」とか「皇室観」）に関する質問の回答が、資料としてそのまま参照できるようになっており、さらに10種の問題（「社会保障と国民負担」とか「郵政三事業民営化」など）についての対立点も手際よく整理されています。

さらに付録として、省庁再編の一覧表（郵政省＋自治省＋総務庁→総務省など）や、政党の離合集散歴、歴代内閣の支持率推移、政党支持率の経年変化なども充実しており、座右のレファレンスにぜひ加えてみてください。

『最新・北朝鮮データブック』

副題：先軍政治、工作から核開発、ポスト金正日まで　著者：重村智計
版元：講談社（講談社現代新書）　定価：720円　発行：2002年11月

『〔全真相〕朝鮮民主主義人民共和国』（政治経済研究会、3万7143円）は、イデオロギー的には大いに問題ありの書物ではありますが、北朝鮮に関する、日本語で書かれた稀有な百科です。また、同書に収録された解説、統計、観光情報、政府機関図、貿易収支など、その網羅性は他に類を見ません。さらに、サーカスや教育機関や電波事情、あるいは

マツタケの対日輸出状況なども、つぶさに記されています。

北朝鮮に関する参考文献一覧も、批判的なものも含めて巻末に網羅的に掲げられており、同書は、値段が高すぎることと、前述したとおり北側に偏した学者たちの手で編纂されていること、という二つの欠点を踏まえても、北朝鮮に関する貴重なレファ本であることに変わりはありません。

虎穴に入らずんば虎子を得ず、です。

貿易や経済に特化したもので入手しやすさを考慮すると、ジェトロ貿易市場シリーズ『朝鮮民主主義人民共和国』(日本貿易振興会、1240円)が、政治、経済産業、資源、エネルギー、貿易、文化を網羅しています。

が、データが古すぎるのが欠点です。

という次第で、重村智計『最新・北朝鮮データブック』をお薦めします。

日本人拉致問題、先軍政治、権力継承の歴史、主体経済の失敗、生活事情など、さらに巻末に年表もついているので、コンパクトなわりにはとても助かります。

#『国民衛生の動向』

編集：厚生統計協会　版元：厚生統計協会　定価：2286円　発行：月刊「厚生の指標」の臨時増刊として毎年8月

皆様、これだけは、すぐに購入してください。

毎年8月から9月にかけて改訂版が出ます。毎年買い換えるのがベストではありますが、未見の方は、この1冊で今後5年くらいはレファ本として使えると思います。

出産、結婚、離婚、自殺、交通事故、不慮の事故、癌、年金、医療保険、災害医療、死因別死亡確率、食品添加物、上下水道、医薬品の副作用、難病、感染症、水質汚濁……などなど、数百項目について、経年変化と統計が網羅されています。

日本の官庁のなかで、厚生労働省ほど巨大な組織はありません。文字どおり「ゆりかごから墓場まで」どころか「避妊から軍人年金やら中国残留孤児まで」を担当する、雑多な官庁です。

その是非はともかく、このレファ本がカバーするテーマは非常に幅広く、日々のニュースを読み解くうえで最も重要なデータ集にして解説集となっています。

『日本の論点』

編集：文藝春秋　版元：文藝春秋　定価：2667円　発行：毎年11月

最も古い『日本の論点』は1992年10月に発行されたものです。これは「文藝春秋70周年」を記念して発刊されたもので（表紙カバーにもそう印刷されています）、書名には「1993」ともついていませんから、最初はまだ年刊で発行し続ける確かな予定はなかったのかもしれません。

年刊誌としてスタートを切ったのは『日本の論点'94』（93年11月刊）です。幸先が良かったのと、文春の財産になることが確信できたのでしょう。ちなみに、書名に年号が4桁で入るようになったのは『日本の論点2000』（99年11月刊）からです。

最新の『日本の論点2006』を見ると、その屋台骨が変わっていないことに驚かされます。記念にとりあえず作った、という代物ではなく、後世に残るものを作るのだという牢固とした姿勢が見てとれます。

92年と言えば、東欧やソ連が崩壊して間もなく、湾岸戦争が始まった翌年です。たった十数年前に過ぎないのに、この年に出た『日本の論点』は、「社会主義に未来はあるか」で始まり、「こうすれば社会党は政権が獲れる」などという論考もあって、短期間の激変に思わず溜息が漏れます。

こうして、日本で唯一の年刊論争誌となった『日本の論点』ですが、名の通った雑誌が過去の論考を厳選して書物にする、という試みは少なからずありました。入手しがたくなりつつありますが、歴史的に重要な論文が収録されているので、刊行順に列挙しておきます。

文藝春秋編『「文藝春秋」にみる昭和史』(全3巻、文藝春秋、各2500円、88年1月〜5月刊、のちに文春文庫、各641円)

週刊朝日編『「週刊朝日」の昭和史 事件・人物・世相』(全5巻、朝日新聞社、各1748円、89年4月〜90年7月刊)

朝日新聞社編『朝日ジャーナルの時代1959→1992』(朝日新聞社、2913円、93年4月刊)

文藝春秋編『戦後50年 日本人の発言』(全2巻、文藝春秋、各2718円、95年8月刊)

「世界」主要論文選編集委員会編『「世界」主要論文選1946-1995』(岩波書店、

2233円、95年10月刊)

文藝春秋編『「諸君!」の30年 1969-1999』(文藝春秋、2857円、99年12月刊)

坪内祐三編『「文藝春秋」八十年傑作選』(文藝春秋、2500円、03年3月刊)

さて、『日本の論点』の優れた特徴は、過去1年間の論点が毎年明確に整理されていること、また最新の争点について論者を闘わせる当事者性もさることながら、編集(弘旬館)サイドで付した欄外注記と、各論点(おおよそ80テーマから90テーマ)についてのデータファイル(基礎知識)が実によくできている点にあります。

さらに当然の成り行きで、これらをデータベースにして活用に供したいと思った編集者は、実際「日本の論点PLUS」というものを作りました。が、その会費は1カ月800円。年間にするとムック版『日本の論点』の4倍近いわけですね。

まず、最新の『日本の論点』を買うことから始めましょう。全部読み通したら、周囲から尊敬されると思います。読めなくても、何かが引っかかったら、同書の「データファイル」を開いてみてください。

『世界年鑑』

編著：共同通信社　版元：共同通信社　定価：６０００円　発行：毎年３月

新聞記者なら誰もが知っている年鑑です。

ん？

知らない。

そうですか。入社後まったく勉強しない記者が激増中ですから、それもやむをえないのでしょう。

近ごろは国会議員も就職（当選）するまで憲法や民法も読んだことがないどころか立法の方法さえ知らないレベルの人々であることが世間にもバレて、新人研修がようやくなされるようになっておめでたいかぎりでございます。

高給取りの新聞記者も、代替性のあるお仕事で忙しすぎて本を読む時間もないのかな。小泉首相でさえ郵政民営化関連法案を読んでいなかったのだから、ご同類ということで仕方ないのかもしれません。

さて、例えば「小選挙区制度の不思議」について、ちょっと何か引っかかるものがあったとしましょう。

2005年秋の総選挙では、与党連合より野党連合のほうが票は上回っていたのに（小選挙区における得票を正確に足してみると、自公連立側は49・22％、非連立側は50・78％でした。比例でようやく、自公の得票合計が51・4％と半数を若干上回ったにすぎません）、小選挙区というギャンブル型選挙によって、衆院の3分の2を占めてしまうマジックが現実になりました。

この点で、あらかじめ参考になったのはカナダです。私は、以前こう書きました。

《93年10月に行なわれたカナダの総選挙（295議席をめぐる下院選挙）で、それまで過半数（154議席）を得ていた単独与党（進歩保守党）が、わずか2議席の超ミニ政党に転落してしまった。》（「中日新聞」など三社連合、2005年9月17日配信）

議席数の正確さを期したいときは、ネットはまだまだ信頼性が乏しいのが実際です。ネット上では、日本でもカナダでも、数字がばらばらでした。かなり信頼できそうな記事でも、下院の定数に関する記述は290から310まであり、解散前の進歩保守党の議席数もめちゃくちゃなのです。

そのような場合に、この『世界年鑑』は役に立ちます。共同通信は、大きな外信部をもっているだけのことはあります。議会の構成、閣僚名簿、陸海空の軍人数なども載っており、それぞれの国が抱える問題点も簡潔に記述され、巻末の主要文献（報告書や計画書など）も便利です。

其の一四

経済オンチと言わせない

『市場占有率』

編集：日経産業新聞　版元：日本経済新聞社　定価：1500円　発行：毎年10月

1位、大正製薬（46・0％）、2位、佐藤製薬（11・2％）、3位、武田薬品工業（6・8％）、4位、エスエス製薬（6・7％）、5位、大鵬薬品工業（6・4％）。

これは何だかわかりますか？

答えは、ドリンク剤の市場占有率です。

大正製薬の「リポビタンD」は対前年比で5％も落としてしまったのですが、それはシェアを0・8％伸ばした高価格帯の「ゼナ」（私も風邪の引きかけにはこれと葛根湯《かっこんとう》を一緒に飲んで快復しています）が絶好調だったためです。佐藤製薬の高価格帯「ユンケル」も売り上げを伸ばしました。

もちろん、中身や価格やブランド力もさることながら、広告量や販路（この分野では食系チャネルと薬系チャネルがあります）に対する営業力の差も大きくものを言います。口コミ（私が風邪の前兆には「ゼナ」が一番効くと言ってしまったりするような）も、あなどれません。

しかし、ドリンク剤全体では対前年比6・2％も出荷額を落としており、なかなか苦しい闘いが強いられています。

総合感冒薬部門でも大正製薬は1位（33・2％）ですが、これは「パブロン」効果。この商売は暖冬を嫌います（暖冬だと風邪が流行しにくいため）。ですから彼らは、花粉が例年より格段に多いと予想されると胸中わくわくしてしまう人々なわけです。

ただし「薬」はどの分野でも、副作用が問題になったりすると、シェア争いに重大な異変が生じてしまいます。2003年8月には厚生労働省がPPA（塩酸フェニルプロパノールアミン）の入った感冒薬の製造自粛や代替品への切り替えを指示したため（実際には大したリスクはないのですが、これがニュースになってしまえば、まったく売れなくなりますし、指示に逆らえば新薬認可にも響きますから従わざるをえない業界なのです）、武田薬品工業では「ベンザブロック」など看板商品6品目が製造中止となって出荷額が6割も落ち込み、2位から5位まで転落してしまいました。

大衆薬（一般用医薬品）はさほどでもありませんが、医療用医薬品の分野では大激変が続いています。企業買収（M&A）で欧米勢ががんがん攻め入ってきており、売上高7兆円を超える医療用医薬品全体はまだ伸びているのに、国産は防戦一方でじりじりとシェアを下げてきているのです。

ちなみに、ドリンク剤部門では「その他」がたったの22・9%、つまり5社で約8割のシェアを占めてしまっています。一般的には、「その他」の割合が高ければ高いほど新規参入の壁が低い、とされてきました。

例えば、国内航空部門のシェアはJALグループが48・7%でANAグループが46・9%ですから、2社の合計だけで95・6%に達しており、他方、海外旅行部門では「その他」が55・5%もあり、しばらく前まで「その他」だったH.I.S.は個人旅行への強みを生かしてシェアを伸ばして業界2位に躍進、あるいは人材派遣部門の「その他」は59・7%、というようにです。

このように、全部で180部門（品目）について、全体の売上高と伸び、最新のシェア、順位変動、その理由、ヒット商品、今後の展望などが、実に手際よく見開き2ページでまとめられています。

さらに、世界シェアも23部門（品目）が掲載されており、日本人の底力と健闘ぶりに、少しばかり見惚れてもバチは当たらないでしょう。

『会社四季報』

編集：東洋経済新報社　版元：東洋経済新報社　定価：1667円　発行：季刊（毎年3、6、9、12月）

株をやる人もやらない人も、日本が資本主義である限り、できうれば座右に備えておきたい1冊です。

資本金、主要株主、従業員数などはもとより、事業内容や最近の動向について、「すべて」が半ページのなかに実にコンパクトにまとまっており、飽きません。

飽きる人は、企業情報や経済によほど詳しいか、統計の読み方がわからないか……。

あまりよくわからない人こそ、そばに置いておきましょう。「気になる」が知的蓄積の始まりです。

『株式用語辞典』

編集：日本経済新聞社　版元：日本経済新聞社（日経文庫）　定価：1000円　発行（9版）：2003年1月

株をやっておられる方なら、自然と株式用語に馴染んでいることと思いますが、ニュースや会議で「投資信託」だの「デリバティブ」だの「転換社債」だの「コンプライアンス」だの「額面割れ」だの「エンジェル」だの「大引け」だのと言われて、ううむこれは何とかしなければ、と1度でも思ったことのある人は、これを買って座右に置いておきましょう。

例えば「安値」は、こんなふうに解説されています。

《安値：1日、1週間、1カ月などの間でついた値段のうち、いちばん安いもの。例えば「きょうの安値は655円だった」とか、「8月の安値580円を下回った」などという。株価が安値に近いところにある場合、「安値安全圏にある」という。》

全編にわたって、このようにわかりやすく定義されています。

株には興味がないわけではなく、きっかけさえあれば少しくらいやってみたい、けれどもまったく未知、という方は『細野真宏の世界一わかりやすい株の本』（文藝春秋、95

2円）を読んでみてください。

『図説　日本の財政』

編者：毎年交代（平成16年版）川北力（平成17年版）木下康司　版元：東洋経済新報社　定価：2200円　発行：毎年6〜8月

財政を知らずして、日本の経済、財政、政治は語れません。

ちょっとした発作でも起こしたつもりで周囲の同僚などを数名誘い、『図説　日本の財政』をテキストに使って、たまには読書会を開いてみてください。

無知は一時の恥です。

日本の財政を読みこなすことができる人は、食いっぱぐれません。

三位一体改革の実態について、理解している日本人はいったいどれくらいいるのでしょうか。

あんな茶番劇に私は興味ありませんが、あれを茶番劇と見極めるためにも根拠となるデータは絶対に不可欠です。

解説は国寄り（というか財務省そのもの）なのですが、日本の「予算」について、同書は基本的データを充分に網羅しています。どこに何が載っているか、ということだけでも知っておけば、とりあえずそれでOKです。「経済には弱い」という方も、意地でも同書を座右に置いておきましょう。あるいは、会社に買ってもらいましょう。

税制についてコンパクトにまとまっている年鑑は、『図説 日本の税制』（財経詳報社、2100円）などがあります。

経済のことがさっぱりわからない、という方には細野真宏『経済のニュースが面白いほどわかる本 日本経済編』（中経出版、1400円）がお薦めです。

『図説 地方財政データブック』

編者：出井信夫／参議院総務委員会調査室　版元：学陽書房　定価：2500円　発行：2005年8月

先ほど推薦した『図説 日本の財政』（東洋経済新報社）とセットで揃えておきたい1冊です。

例えばイタリアのように、権限を市町村に大幅委譲して県を単なる統計センターにしてしまえば、地方自治と国と税金の関係は非常にすっきりするのですが、日本では地方交付税と国庫補助金が未だ地方の自立を阻む（＝国が地方を信用していない）磐石《ばんじゃく》シフトを敷いています。

その是非はここでは論じません。一般論や概論ではなく、地方財政の「今」を知るためには、こうしたデータと制度の把握は不可欠です。そもそも借金返済の仕方や数字操作にはどのような方法があるのかを知らないと、知事や役人が発表するウソを鵜呑みにしてしまうどころか、その意味を理解することもかないません。

『図解 あの新〝勝ち組〟IT企業はなぜ儲かるのか？』

著者：三浦優子　版元：技術評論社　定価：1000円　発行：2005年3月

これは「買い」です。

『ネット業界「儲け」のしくみ』（翔泳社、1600円）など、類似本はたくさん出ているなかで、読み比べてみたところ、これが断然すぐれていました。

何がすぐれているかと言えば、素朴な「なぜ」にきちんと答えきる、その明快さです。

私がこの手の本にまとめて目を通したのは、無料検索に特化したグーグルがなぜあんなに大儲けを続けているのか、あるいはまた、ブログ自体が収益源でないブログ会社はどうやって食っているのか、というような疑問を、ひとに訊かれてあまりうまく答えられなかったため、でした。

オンライン証券わからんネット銀行つかえんアフィリエイトなんじゃそりゃの方も、この1冊があれば、そこいらの自称IT通の若いもんに負けないくらいの知恵がつきます。知識の量では負けても、要するにそういうことなのか、が生きた教養としてよく理解できる、とても良質なレファ本です。

『数字でみる日本の100年』

編集：矢野恒太記念会　版元：矢野恒太記念会　定価：2381円　発行（改訂第4版）：2000年12月

近代というのは、国家が基礎データを客観的に取り始めて以降のことを言います。

同書には、国土、人口、資源、農林水産、工業、建設、サービス、貿易、国際収支、物価、財政、金融、通信、国民生活、国防など、あらゆるジャンルの「100年間の推移」がぎっしり詰まっています。

これを座右に置いていない日本人ライターや研究者を信用してはいけません。頭に全部入っている優秀な人は、もちろん例外です。

『日本国勢図会　日本がわかるデータブック』（矢野恒太記念会、2524円）も、それなりのサラリーマンなら、できるだけ会社に置いてもらうようにしましょう。歴史と現状を無視した論議は空しいばかりですから。

『世界で一番おもしろい　日本人のデータ』

編著：話題の達人倶楽部　版元：青春出版社　定価：1000円　発行：2004年10月

貯蓄、借金、年金、こづかい、給与、テレビ、肥満、恋愛、死因、宗教など、「ひと目でわかる」が売りのデータ集です。

全体像が簡単にながめられる、というメリットがあります。

興味をもっている、あるいは深く正確に知りたい分野については、それぞれの項目で引用されたデータの出典を、ぜひ座右に置いておきましょう。

同書は初級編です。

中級編としては『数字で読む日本人』（自由国民社）があります。これについては、次項でご紹介しましょう。

『数字で読む日本人』

著者：溝江昌吾　版元：自由国民社　定価：１４００円　発行：（最新版）２００３年12月

受験勉強さえやっていれば良い、とは思っていない高校生や新社会人に、ぜひお薦めしたい非常にすぐれたデータ集です。

２０００年版、２００２年版、２００４年版と、これまで2年に1度改訂されてきたのですが、２００６年版は２００５年12月には出ませんでした。今後しばらく改訂する予定もないそうです（自由国民社による）。

しばらく新版が出なくても、古い版をぜひ買っておきましょう。ここ数年のデータであれば、ネット上で探すことは簡単です。しかし、同書のような簡潔な解説、経年変化、統計、国際比較、コラムを見つけることは困難ですし、「1冊」にまとまっているゆえの使いやすさは保証します。

ネット上のデータは、残念ながらアバウトであったり桁が違っていたり出典が明らかでないものが多いのですが、同書は安価で、読み物としても優れているだけでなく、食生活や性や勤労や貯金や余暇や犯罪や事故やペット等々「日本人」に関する網羅的な「数字で読む」本として他に類書がありません。

本書『使えるレファ本150選』でお薦めしたレファ本を、総じて「高い」とお感じになっている方は、絶対損はさせませんので、まずこのあたりから座右に置き始めてみてください。売り切れの際は、ご容赦を。と言うより、すぐれたレファ本は国の大切な文化財なのですから、品切れしないように出版社とともに、我々読者も多少の努力をしようではありませんか。

文献索引

見出しに掲げた本のほか、文中で推薦したレファ本を総てリストアップしました。要不要のチェックリストとしてもご利用ください。

■あ行

『朝日ジャーナルの時代　１９５９→１９９２』朝日新聞社編　朝日新聞社　236
『朝日新聞の用語の手引』朝日新聞社　朝日新聞社　122
『新しい国語表記ハンドブック』三省堂編修所編　三省堂　121　126
『アメリカ俗語辞典』ユージン・Ｅ・ランディ編　研究社出版　98
『医学大辞典』南山堂　117
『一世風靡語事典』神津陽　大陸書房　102
『犬の写真図鑑』デビッド・オルダートン　日本ヴォーグ社　202
『イミダス』集英社　71　75　96　116
『イラスト図解 経済ニュース虎の巻』池上彰　講談社　82
『イラスト図解 ニュースの地図帳』池上彰　講談社　81
『インターネット広告』インターネット・マーケティング研究会　ソフトバンクパブリッシング　67
『インターネット白書』日本インターネット協会　インプレス　67
『海を越えた日本人名事典』富田仁編　日外アソシエーツ　145
『ＥＸ‐ｗｏｒｄ』シリーズ　ＣＡＳＩＯ　75　116
『江戸を知る事典』加藤貴編　東京堂出版　46
『ＮＨＫ中学生・高校生の生活と意識調査』ＮＨＫ放送文化研究所編　日本放送出版協会　51
『ＮＨＫデータブック世界の放送』ＮＨＫ放送文化研究所編　日本放送出版協会　67
『ＮＨＫ年鑑』日本放送協会放送文化研究所編　日本放送出版協会　66
『大蔵省百年史（下）』大蔵省百年史編集室編　大蔵財

務協会　151
『大蔵省百年史別巻』大蔵省百年史編集室編　大蔵財務協会　151
『オトナ語の謎。』糸井重里・ほぼ日刊イトイ新聞編　新潮社　96

■か行

『海外ミステリー事典』権田萬治監修　新潮社　176
『会社四季報』東洋経済新報社編　東洋経済新報社　245
『学制百二十年史』文部省　ぎょうせい　69
『核兵器のしくみ』山田克哉　講談社　60
『学問のしくみ事典』VALIS DEUX　日本実業出版社　68
『数え方の辞典』飯田朝子著・町田健監修　小学館　28
『カタカナ・外来語／略語辞典』「現代用語の基礎知識」編集部編・堀内克明監訳　自由国民社　100
『カタカナ語新辞典』旺文社　116
『学校事件』下村哲夫　ぎょうせい　221
『角川 新字源』小川環樹・西田太一郎・赤塚忠編　角川書店　130
『角川 大字源』尾崎雄二郎ほか編　角川書店　132
『株式用語辞典』日本経済新聞社編　日本経済新聞社　246
『冠婚葬祭マナー事典』遠藤周作監修　旺文社　116
『漢字源』藤堂明保編　学習研究社　116
『完璧版 宝石の写真図鑑』キャリー・ホール　日本ヴォーグ社　207
『消えた日本語辞典』正・続　奥山益朗編　東京堂出版　102
『記者ハンドブック』共同通信社　共同通信社　122
『逆境の人々』田原久八郎　郁朋社　184
『キャラメルの値段 昭和30年代・10円で買えたもの』市橋芳則　河出書房新社　37
『教育指標の国際比較』文部科学省編　国立印刷局　70
『共同通信ニュース予定』社団法人共同通信社編集局予定センター編　共同通信社　93
『近代日本総合年表』岩波書店編集部編　岩波書店　138
『国のうた』弓狩匡純　文藝春秋　51
『暮らしのことば語源辞典』山口佳紀編　講談社　25
『黒いスイス』福原直樹　新潮社　157
『クロニック 世界全史』樺山紘一ほか編　講談社　148
『敬語はこわくない』井上史雄　講談社　19
『経済のニュースが面白いほどわかる本 日本経済編』細野真宏　中経出版　248

『刑事事実認定（上・下）』小林充・香城敏麿編著　判例タイムズ社　212
『現代医療のスペクトル』宇都木伸・塚本泰司　尚学社　195
『現代刑法講座』中山研一ほか編　成文堂　217
『現代スペイン語辞典／和西辞典』白水社　117
『現代日本人の意識構造〔第6版〕』ＮＨＫ放送文化研究所編　日本放送出版協会　48
『現代日本語方言大辞典』全8巻＋補巻　明治書院　44
『現代文章作法』講談社編　講談社　126
『現代用語の基礎知識』自由国民社　71　96　100　117
『現代若者コトバ辞典』猪野健治　日本経済評論社　102
『広告白書』日経広告研究所編　日本経済新聞社　66
『広辞苑』新村出編　岩波書店　75　96　98　104　116
『国民衛生の動向』厚生統計協会編　厚生統計協会　234
『語源を楽しむ』増井金典　ベストセラーズ　23
『国会入門』浅野一郎編著　信山社出版　226
『国会便覧』日本政経新聞社編　日本政経新聞社　229
『ことわざ辞典』槌田満文監修　成美堂出版　17
『ごみの百科事典』小島紀徳ほか編　丸善　198
『コンサイス外国人名事典』三省堂編修所編　三省堂　172
『コンサイス外国地名事典』三省堂編修所編　三省堂　172
『昆虫の擬態』海野和男　平凡社　203

■さ行

『最新　家庭の医学』時事通信社　116
『最新・北朝鮮データブック』重村智計　講談社　232
『差別表現の検証』西尾秀和　講談社　129
『ジーニアス英和辞典』小西友七ほか編　大修館書店　116
『死刑の理由』井上薫編著　新潮社　214
『自殺死亡統計』厚生労働省大臣官房統計情報部編著　厚生統計協会　90
『市場占有率』日経産業新聞編　日本経済新聞社　242
『自然科学系和英大辞典』小倉書店　117
『実際の設計』畑村洋太郎編・実際の設計研究会著　日刊工業新聞社　86
『知っておきたい日本の名言・格言事典』大隅和雄・神田千里・季武嘉也・山本博文・義江彰夫　吉川弘文館　31
『失敗学のすすめ』畑村洋太郎　講談社　89
『実務と研修のための　わかりやすい公職選挙法』選挙

制度研究会編　ぎょうせい　229
『実例・差別表現』堀田貢得　大村書店　127
『事典 近代日本の先駆者』富田仁編　日外アソシエーツ　144
『事典 外国人の見た日本』富田仁編　日外アソシエーツ　145
『事典 昭和戦後期の日本』百瀬孝　吉川弘文館　144　152
『事典 昭和戦前期の日本』百瀬孝　吉川弘文館　144　152
『社会調査ハンドブック』有斐閣　56
『「週刊朝日」の昭和史 事件・人物・世相』全5巻　週刊朝日編　朝日新聞社　236
『宗教世界地図』石川純一　新潮社　80
『宗教世界地図 最新版』立山良司　新潮社　80
『出版指標年報』全国出版協会編　出版科学研究所　66
『出版年鑑』出版年鑑編集部編　出版ニュース社　66
『詳説 世界史』山川出版社　142
『詳説 日本史』山川出版社　143
『詳説 日本史研究』五味文彦・高埜利彦・鳥海靖編　山川出版社　143
『情報通信白書』総務省編　ぎょうせい　66
『昭和語』榊原昭二　朝日新聞社　102
『昭和財政史 第4巻』大蔵省昭和財政史編集室編　東洋経済新報社　151
『昭和 二万日の全記録』全19巻　講談社編　講談社　140
『昭和・平成 家庭史年表 1926→1995』家庭総合研究会編　河出書房新社　140
『昭和・平成・現代史年表 大正12年9月1日～平成8年12月31日』神田文人編著　小学館　139
『昭和流行語辞典』グループ昭和史探検　三一書房　102
『食品添加物公定書解説書』鈴木郁生・野島庄七・谷村顕雄　広川書店　199
『植物 学研の図鑑』池田健蔵・山田卓三　学習研究社　203
『「諸君!」の30年 1969―1999』文藝春秋編　文藝春秋　237
『しらべる 戦争遺跡の事典』十菱駿武・菊池実編　柏書房　153
『人生儀礼事典』倉石あつ子・小松和彦・宮田登編　小学館　16
『新・天気予報の手引』クライム気象図書編集部編・安斎政雄著　クライム　205

『新値段の明治大正昭和風俗史』週刊朝日編　朝日新聞社　36　38　39
『新・判例コンメンタール刑法』全6巻＋別巻1　大塚仁・川端博編　三省堂　214
『新ファッションビジネス基礎用語辞典』バンタンコミュニケーションズ　チャネラー　108
『新編　差別用語の基礎知識』高木正幸　土曜美術社　127
『新編　中学校社会科地図』帝国書院編集部編　帝国書院　205
『新明解国語辞典』三省堂　96　105
『数字でみる日本の１００年』矢野恒太記念会編　矢野恒太記念会　250
『数字で読む日本人』溝江昌吾　自由国民社　252
『図解　あの新〝勝ち組〟ＩＴ企業はなぜ儲かるのか?』三浦優子　技術評論社　249
『図説　地方財政データブック』出井信夫・参議院総務委員会調査室編　学陽書房　248
『図説　日本の財政』東洋経済新報社　247　248
『図説　日本の税制』財経詳報社　248
『図説　日本のマスメディア』藤竹暁編著　日本放送出版協会　65
『生活図鑑』おちとよこ　福音館書店　22
『「世界」主要論文選　１９４６―１９９５』「世界」主要論文選編集委員会編　岩波書店　236
『世界戦争犯罪事典』秦郁彦・佐瀬昌盛・常石敬一監修　文藝春秋　155
『世界で一番おもしろい　日本人のデータ』話題の達人倶楽部編　青春出版社　251
『世界テロリズム・マップ』杉山文彦編・時事通信外信部　平凡社　81
『世界年鑑』共同通信社編著　共同通信社　238
『世界の国旗大百科』辻原康夫編著　人文社　52
『世界の古典名著　総解説』青木達彦ほか　自由国民社　180
『世界の女性　動向と統計』国際連合　日本統計協会　41
『世界紛争・テロ事典』（「エコノミスト」97年1月27日臨時増刊号）毎日新聞社　81
『世界を制した20のメディア』マーク・タンゲート　ブーマー　173
『選挙・政治資金制度』安田充・高田寛文　ぎょうせい　228
『全記録テレビ視聴率50年戦争』引田惣彌　講談社　167

『戦後50年』毎日新聞社編　毎日新聞社（毎日ムック）146
『戦後50年 日本人の発言』全2巻　文藝春秋編　文藝春秋　236
『戦後史大事典』佐々木毅ほか編　三省堂　144
『戦後史大事典 増補新版』佐々木毅・鶴見俊輔・富永健一・中村政則・正村公宏・村上陽一郎編　三省堂　147
『戦後日本病人史』川上武編著　農山漁村文化協会　159　161
『戦後値段史年表』週刊朝日編　朝日新聞社　38
『〔全真相〕朝鮮民主主義人民共和国』エス・ビー・ビー編纂　政治経済研究会　232
『続・実際の設計』畑村洋太郎編・実際の設計研究会著　日刊工業新聞社　86
『続々・実際の設計』畑村洋太郎編・実際の設計研究会著　日刊工業新聞社　86
『続弾！問題な日本語』北原保雄編　大修館書店　115

■た行

『大コンメンタール刑法』全13巻＋別巻1　大塚仁ほか編　青林書院　214
『大失言』失言王認定委員会　情報センター出版局　227
『大辞林』松村明編　三省堂　98　104
『食べ方のマナーとコツ』渡邊忠司監修　学習研究社　19
『知恵蔵』朝日新聞社　40　71　75　96　116
『地球の歩き方』シリーズ　地球の歩き方編集室編　ダイヤモンド社（ダイヤモンド・ビッグ社）　40
『チャート式 新世界史B』数研出版　142
『調査法講義』朝倉書店　56
『治療薬マニュアル』高久史麿・矢崎義雄監修、関顕・北原光夫・上野文昭・越前宏俊編　医学書院　195
『DSM-IV-TR』米国精神医学会編　医学書院　82
『データブック NHK 日本人の性行動・性意識』NHK「日本人の性」プロジェクト編　日本放送出版協会　55
『テキストブック 殺人学』影山任佐　日本評論社　92
『テレビ史ハンドブック』伊予田康弘ほか　自由国民社　170
『TVスター名鑑』東京ニュース通信社　166
『テレビ・タレント人名事典』日外アソシエーツ編　日外アソシエーツ　166
『TVドラマオールファイル』後藤啓一・宮崎千恵子ほ

か　アスペクト　170
『テレビドラマ全史』東京ニュース通信社編　東京ニュース通信社　170
『テレビバラエティ大笑辞典　完璧版』高田文夫・笑芸人編集部編著　白夜書房　170
『天気100のひみつ』シュガー佐藤漫画・清水教高監修　学習研究社（学研まんがひみつシリーズ）　207
『電通広告年鑑』電通編　電通　66
『天文年鑑』天文年鑑編集委員会編著　誠文堂新光社　191
『動物の感染症』清水悠紀臣ほか編　近代出版　190
『図書館用語辞典』図書館問題研究会図書館用語委員会編　角川書店　11
『都道府県ランキング』朝日新聞社編　朝日新聞社　53
『鳥の写真図鑑』コリン・ハリソン　日本ヴォーグ社　202

■な行

『なるほど世界知図帳』昭文社　205
『南極・北極大百科図鑑』デイヴィッド・マクゴニガル、リン・ウッドワース編　東洋書林　192
『20世紀西洋人名事典』日外アソシエーツ編集部編　紀伊国屋書店　145
『20世紀にっぽん殺人事典』福田洋　社会思想社　161
『似たもの法律用語のちがい』法曹会編　法曹会　210
『日本近代文学大事典』全6巻　日本近代文学館編　講談社　177
『日本国語大辞典』全10巻　日本大辞典刊行会編　小学館　45　119
『日本国勢図会　日本がわかるデータブック』矢野恒太記念会編　国勢社　251
『日本語の正しい表記と用語の辞典』講談社校閲局編　講談社　125
『日本史事典』旺文社　116
『日本新聞年鑑』日本新聞協会編　電通　66
『日本全史　ジャパン・クロニック』宇野俊一ほか編　講談社　148
『日本俗語大辞典』米川明彦編　東京堂出版　104
『日本大百科全書』電子ブックプレーヤー「データディスクマン」SONY＋小学館「日本大百科全書」全26巻の電子ブック版／スーパー・ニッポニカ日本大百科全書DVD-ROM版　小学館　33　74
『日本統計年鑑』総務省統計局統計研修所編　日本統計協会　64

『日本の芸能人ベストセレクション１０００』勁文社　166
『日本の世論』読売新聞社世論調査部編著　弘文堂　231
『日本の大量殺人総覧』村野薫　新潮社　92
『日本の論点』文藝春秋編　文藝春秋　235
『日本方言辞典』佐藤亮一監修　小学館　44
『日本方言大辞典』全3巻　小学館　44
『日本ミステリー事典』権田萬治・新保博久監修　新潮社　176
『日本民間放送年鑑』日本民間放送連盟編　コーケン出版　66
『ニュースがわかる！紛争地図』浅井信雄監修　青春出版社　79
『猫の写真図鑑』デビッド・オルダートン　日本ヴォーグ社　202
『値段が語る、僕たちの昭和史』高橋孝輝　主婦の友社　37
『値段の明治大正昭和風俗史（上・下）』週刊朝日編　朝日新聞社　36　38　39
『ネット業界「儲け」のしくみ』久我勝利　翔泳社　249

■は行

『廃棄物ハンドブック』廃棄物学会編　オーム社　198
『幕末江戸社会の研究』南和男　吉川弘文館　47
『爬虫両生類飼育図鑑』千石正一　マリン企画　203
『発がん物質事典』泉邦彦　合同出版　194
『早引き類語連想辞典』野元菊雄監修・米谷春彦編　ぎょうせい　132
『早わかり20世紀年表』年鑑事典編集部編　朝日新聞社（別冊朝日年鑑）　146
『犯罪白書』法務省法務総合研究所編著　国立印刷局　215
『韓流ドラマ館』柳雪香とヨンヨンファミリー編　青春出版社　164
『ぴあシネマクラブ外国映画編』ぴあ　185
『ぴあシネマクラブ日本映画編』ぴあ　185
『ビジネスマンのための英文手紙用例辞典』学習研究社　116
『病気のメカニズムがわかる事典』横山泉　日本文芸社　63
『ブリタニカ国際大百科事典』ティービーエス・ブリタニカ　116
『プロが本音で語る宝石の常識』岡本憲将監修　双葉社　208

『プロ野球選手名鑑』ベースボール・マガジン社編　ベースボール・マガジン社　169
『「文藝春秋」にみる昭和史』全3巻　文藝春秋編　文藝春秋　236
『「文藝春秋」八十年傑作選』坪内祐三編　文藝春秋　237
『ペット六法』ペット六法編集委員会編　誠文堂新光社　217
『細野真宏の世界一わかりやすい株の本』細野真宏　文藝春秋　246

■ま行

『毎日新聞用語集』毎日新聞社編　毎日新聞社　122
『「水」戦争の世紀』モード・バーロウ　集英社　62
『みなさん これが敬語ですよ』萩野貞樹　リヨン社　18
『民族世界地図』浅井信雄　新潮社　78
『民族世界地図　最新版』浅井信雄　新潮社　78
『明鏡国語辞典』北原保雄編　大修館書店　112
『明治・大正　家庭史年表　1868↓1925』下川耿史・家庭総合研究会編　河出書房新社　140
『メジャーリーグ・完全データ選手名鑑』友成那智編著・村上雅則監修　廣済堂出版　169
『模範六法』三省堂　117
『問題な日本語』北原保雄編　大修館書店　112
『文部科学統計要覧』文部科学省生涯学習政策局調査企画課編著　国立印刷局　70　222

■や行

『要約 世界文学全集』全2巻　木原武一　新潮社　181
『よくわかる石油業界』渡辺昇　日本実業出版社　62
『よその国ではどーやってるの?』有楽企画編　有楽出版社（発売：実業之日本社）　42
『読める年表 日本史』川崎庸之・奈良本辰也・原田伴彦・小西四郎編著　自由国民社　140

■ら行

『来日西洋人名事典』武内博編　日外アソシエーツ　145
『理科年表』国立天文台編　丸善　190
『理科年表 環境編』大島康行ほか編　丸善　190
『類語国語辞典』大野晋・浜西正人　角川書店　132
『類語大辞典』柴田武・山田進編著　講談社　132
『例解 誤字辞典』土屋道雄　柏書房　130

ちくま新書
575

使《つか》えるレファ本《ぽん》150選《せん》

二〇〇六年一月一〇日 第一刷発行
二〇〇六年三月 五 日 第二刷発行

著者 日垣 隆（ひがき・たかし）
発行者 菊池明郎
発行所 株式会社 筑摩書房
東京都台東区蔵前二-五-三 郵便番号一一一-八七五五
振替〇〇一六〇-八-四一二三
装幀者 間村俊一
印刷・製本 三松堂印刷 株式会社
乱丁・落丁本の場合は、左記宛に御送付下さい。
送料小社負担でお取り替えいたします。
ご注文・お問い合わせも左記へお願いいたします。
〒三三一-八五〇七 さいたま市北区櫛引町二-六〇四
筑摩書房サービスセンター
電話〇四八-六五一-〇〇五三

ISBN4-480-06282-3 C0200

ちくま新書

511
子どもが減って何が悪いか！
赤川学
少子化をめぐるトンデモ言説を、データを用いて徹底論破！　社会学の知見から、少子化が避けられないことを示し、これを前提とする自由で公平な社会を構想する。

523
売文生活
日垣隆
出版界最大のタブー「原稿料と印税」の真実を明らかにし、明治の文士から平成のフリーライター、人気作家まで、その台所事情と、自由を求め苦闘する姿を描く。

527
社会学を学ぶ
内田隆三
社会学を学ぶ理由は何か？　著者自身の体験から、パーソンズの行為理論、フーコーの言説分析、ルーマンらのシステム論などを通して、学問の本質に迫る入門書。

574
大人がいない…
清水義範
「親の顔が見たい」という言葉があるが、昨今のこの国は「大人の顔が見たい」状況にある。そもそも大人とは？忍耐力、決断力、礼儀作法…。平成版「おとな入門」！

211
子どもたちはなぜキレるのか
齋藤孝
メルトダウンした教育はどうすれば建て直せるか。個性尊重と管理強化の間を揺れる既成の論に楔を打ち込み、新たな処方箋として伝統的身体文化の継承を提案する。

317
死生観を問いなおす
広井良典
社会の高齢化にともなって、死がますます身近な問題になってきた。宇宙や生命全体の流れの中で、個々の生や死がどんな位置にあり、どんな意味をもつのか考える。

329
教育改革の幻想
苅谷剛彦
新学習指導要領がめざす「ゆとり」や「子ども中心主義」は本当に子どもたちのためになるものなのか？　教育と日本社会のゆくえを見据えて緊急提言する。

ちくま新書

427 週末起業　藤井孝一

週末を利用すれば、会社に勤めながらローリスクで起業できる！　本書では「こんな時代」をたくましく生きる術を提案し、その魅力と具体的な事例を紹介する。

458 経営がわかる会計入門　永野則雄

長引く不況下を生きぬくには、経営の実情と一歩先を読みとくための「会計」知識が欠かせない。現実の会社の「生きた数字」を例に説く、役に立つ入門書の決定版！

446 会社をどう変えるか　奥村宏

会社なしには現代社会は維持できないが、その信頼は失われつつある。変革の試みを歴史的に検証し、法人資本主義でも株主主権でもない理想の会社の条件を考える。

502 ゲーム理論を読みとく――戦略的理性の批判　竹田茂夫

ビジネスから各種の紛争処理まで万能の方法論となっているゲーム理論。現代を支配する〝戦略的思考〟のエッセンスと限界を描き、そこからの離脱の可能性をさぐる。

499 キャリア転機の戦略論　榊原清則

五年先の職業人生を思い描くことすら困難な今、仕事と生き方に戦略をもつには何が大切か。キャリアの転機を乗り越えた人びとの生きざまを素材にその勘所を探る。

035 ケインズ――時代と経済学　吉川洋

マクロ経済学を確立した今世紀最大の経済学者ケインズ。世界経済の動きとリアルタイムで対峙して財政・金融政策の重要性を訴えた巨人の思想と理論を明快に説く。

003 日本の雇用――21世紀への再設計　島田晴雄

成長の鈍化、人口の高齢化、情報化社会の進展など、メガ・トレンドの構造変化とパラダイム転換を視野におさめつつ、今後の日本の雇用と賃金のあり方を提言。

ちくま新書

565 使える！　確率的思考　小島寛之
この世は半歩先さえ不確かだ。上手に生きるには、可能性を見積もり適切な行動を選択する力が欠かせない。確率のテクニックを駆使して賢く判断する思考法を伝授！

339 「わかる」とはどういうことか　——認識の脳科学　山鳥重
人はどんなときに「あ、わかった」「わけがわからない」などと感じるのか。そのとき脳では何が起こっているのだろう。認識と思考の仕組を説き明す刺激的な試み。

068 自然保護を問いなおす　——環境倫理とネットワーク　鬼頭秀一
「自然との共生」とは何か。欧米の環境思想の系譜をたどりつつ、世界遺産に指定された白神山地のブナ原生林を事例に自然保護を鋭く問いなおす新しい環境問題入門。

434 意識とはなにか　——〈私〉を生成する脳　茂木健一郎
物質である脳が意識を生みだすのはなぜか？　すべてを感じる存在としての〈私〉とは何ものか？　人類に残された究極の問いに、既存の科学を超えて新境地を展開！

452 ヒトは環境を壊す動物である　小田亮
それは進化的必然!?　ヒトの認知能力と環境との関わりを進化史的に検証し、環境破壊は私たちの「心の限界」という視点を提示。解決の糸口をヒトの本性からさぐる。

493 世界が変わる現代物理学　竹内薫
現代物理学の核心に触れるとき、日常の「世界の見え方」が一変する。相対性理論・量子力学から最先端の究極理論まで、驚異の世界像を数式をまじえず平明に説く。

348 立ち直るための心理療法　矢幡洋
トラウマ理論をぶっとばせ！　心の病から立ち直るには原因を探っても意味がない。うつ病、神経症、心身症などの特徴とそれに対応する様々な心理療法を紹介する。

ちくま新書

304
「できる人」はどこがちがうのか
齋藤孝
「できる人」は上達の秘訣を持っている。それはどうすれば身につけられるか。さまざまな領域の達人たちの〈技〉を探り、二一世紀を生き抜く〈三つの力〉を提案する。

344
親と子の「よのなか」科
藤原和博
三室一也
NHK、朝日新聞で話題沸騰の〝総合学習〟のための「よのなか」科が、学校での授業だけでなく親子の食卓でできるガイドブック。子供がみるみる世の中に強くなる。

359
学力低下論争
市川伸一
子どもの学力が低下している!? この認識をめぐり激化した巨大論争を明快にときほぐし、あるべき改革への第一歩を提示する。「ゆとり」より「みのり」ある教育を!

389
勉強力をみがく——エキスパートへのみち
梶田正巳
学力低下は事実か。本当の学力とは何か。「生みだす力」「問いを立てる力」「見てわかる力」などたくましい知識へ至る具体的なみちすじと必要な資質を示唆する。

429
若者はなぜ「決められない」か
長山靖生
なぜ若者はフリーターの道を選ぶのか? 自らも「オタク」として社会参加に戸惑いを感じていた著者が、仕事観を切り口に、「決められない」若者たちの気分を探る。

488
正しい大人化計画——若者が「難民」化する時代に
小浜逸郎
フリーターやひきこもりなど、あてどなく漂う若者が増えている。その原因は何か。一体どうすればいいのか。精神論を排し、抜本的かつ包括的なビジョンを指し示す。

495
パラサイト社会のゆくえ——データで読み解く日本の家族
山田昌弘
気がつけば、リッチなパラサイト・シングルから貧乏パラサイトへ。90年代後半の日本社会の地殻変動を手掛かりに、気鋭の社会学者が若者・家族の現在を読み解く。